本书由下列项目及单位资助：

国家社科基金项目（16BJY027）

河北省高等学校人文社会科学研究项目（BJ2017081）

河北省教育厅重大课题攻关项目（ZD202113）

河北大学资源利用与环境保护研究中心

河北省生态与环境发展研究中心

户艳领 等著

SHENGTAI CHENGZAI SHIYU XIA NONGCUN TUDI
LIUZHUAN YIYUAN YU XINGWEI YANJIU

生态承载视域下
农村土地流转
意愿与行为研究

人民出版社

目　录

前　　言

　　农村土地流转是推动农村经济发展的重要力量,也是当前社会关注的热点问题,2017 年《中共中央　国务院关于深入推进农业供给侧结构性改革加快培育农业农村发展新动能的若干意见》指出"积极发展适度规模经营。大力培育新型农业经营主体和服务主体,通过经营权流转、股份合作、代耕代种、土地托管等多种方式,加快发展土地流转型、服务带动型等多种形式规模经营"①,可见规范有序推进土地流转意义重大。通过土地流转农户可将经营权交于有管理经营经验和先进技术的规模经营主体(合作社、公司等),保障自身权益的同时促进了土地资源的高效开发和利用。

　　土地流转涉及众多博弈主体,需要综合考虑到各方的利益诉求,达到博弈均衡和利益最优化。然而调研发现,农村土地流转过程中还存在农户流转意愿和流转行为不匹配等问题,很多流转意愿并未转化为流转行为,大大影响到土地流转的进程,因此开展农村土地流转意愿与行为研究是探索进一步规范有序推进土地流转的关键一环,有利于推进流转意愿到流转行为的转化。不同区域以及山区和平原地区之间由于地理位置、地貌特征、经济发展水平、土地生态效率等方面的不同,在土地流转意愿与行为上也表现出

---

　　① 《中共中央　国务院关于深入推进农业供给侧结构性改革加快培育农业农村发展新动能的若干意见》,《人民日报》2017 年 2 月 6 日。

各自的特点,存在差异,而且农村土地流转是促进贫困地区经济发展的重要途径,尤其对于山区的脱贫具有重要意义,迫切需要开展不同空间下农村土地流转意愿与行为研究。

土地流转与承载力和生态补偿、生态效率息息相关。土地流转不仅要考虑经济效益,也要注重生态环境保护,规模化经营必须合理开发利用土地,增强土地的生态承载力,推进经济与环境的协同发展。科学测度土地综合承载力、生态效率、生态补偿标准,有利于提升社会大众对土地价值的认知,为土地流转租金的核定提供参考,为吸引规模经营实体提供参考。结合不同区域自然、经济、环境等因素测度的土地承载力可以充分体现区域间的差异,并且找到区域间土地承载的优势和短板。

本书的研究建立在广泛调研的基础上。全书以土地流转行为、意愿实证分析为主线,结构分为问题提出、理论分析、实证分析、政策分析四个部分。首先,梳理了土地流转相关研究,进而以河北省为研究区域,分别对河北省贫困山区县农村土地流转与土地承包权益调查、白洋淀流域资源环境与生态保护调研、河北省资源环境现状调研三次调研数据进行了描述统计分析,以此来探索不同区域、不同地形地貌区域的农户流转行为和流转意愿的差异。

其次,开展土地流转意愿与行为的实证分析。一是对不同空间土地流转意愿与行为关系进行相关分析,并分析不同区域、不同地形地貌区域二者关系的共性和差异。二是对流转行为、意愿进行实证分析,并进一步从不同空间、不同地形条件、生态补偿意愿等方面深入研究农户土地流转意愿与流转行为的影响因素,寻找共性和差异。三是测度研究区域的土地承载力,找出并深入分析承载短板的历年发展演变趋势,探讨了承载力与土地流转意愿与行为的相关关系。四是计算研究区域的生态承载力、生态足迹、生态盈余以及生态效率,并对土地流转行为、流转意愿与生态赤字、生态效率进行相关分析。

　　最后,基于土地流转意愿和行为调研现状、不同空间、不同地形条件、生态补偿意愿等方面的影响因素分析,总结目前存在的主要问题。从土地流转的农户、规模经营实体等相关博弈主体出发,探索了土地流转意愿与行为之间的匹配和发展适度规模经营、加强不同空间优势互补的具体思路与对策,以期为土地规划提供参考。

　　本书得到国家社科基金项目(16BJY027)"京津冀生态涵养区土地价值核算及生态补偿研究"资助,本书出版同时得到了河北省生态与环境发展研究中心、河北大学资源利用与环境保护研究中心的支持和资助。课题组和编写组成员王智新、李丽红、徐新、张敏、褚建坤、任一萍、张学军、柳浩、李娜、王一冰、刘春妤、封晓敏、武海波、李依弯、刘强丽、王新、刘燕灵、岳丽艳、梅俊利、刘嘉琦、李瑞楠、吕梦思、赵子铮、谢林铁、石丽君、陈克、张凯璐等在课题调研与数据搜集、数据处理以及本书的成稿等方面,做出了富有成效的工作,是本书能够顺利成稿的重要支撑。

第一章　土地流转意愿与行为
分析的理论基础

　　第十三届全国人大常委会表决通过修改《中华人民共和国农村土地承包法》的重要决定,新修订的《土地承包法》对"三权分置""征收程序、补偿""集体土地的流转、入股、退出"等涉及农民切身权益的问题从法律层面进行了阐释,切实维护了农民权益①。土地流转有利于推进土地利用效率提升,其和土地生态承载力、土地生态补偿等紧密相关,土地承载力的客观测度有助于土地流转租金、土地生态补偿金额的确定,从而进一步推进土地流转意愿与土地流转行为的转化。梳理土地流转博弈主体之间的博弈机制、土地流转意愿与行为的影响机制、土地流转与生态效率和生态足迹之间的作用机制对推进土地流转研究具有重要意义。

　　本章首先通过梳理农村土地制度的演变过程,展示了土地流转制度的时代背景,同时基于土地承载力测度理论对如何更加合理高效地进行土地流转进行阐述;其次,对土地流转中涉及众多博弈主体进行分析,了解和掌握土地流转过程中发生的博弈,明确了从流转意愿到流转行为的渠道;最后,为了使土地流转意愿更好地向土地流转行为转化,通过梳理影响土地流

---

　　① 《全国人民代表大会常务委员会关于修改〈中华人民共和国农村土地承包法〉的决定》,《人民日报》2018年12月30日。

转意愿和行为的影响因素及其相互之间的作用机理,阐释了建立和完善生态补偿机制、提升土地生态承载力和生态效率对于土地流转研究的重要意义。

第一节　农村土地流转的发展

土地是农民赖以生存的根本,与国家的经济发展、社会进步有着非常紧密的联系,更关乎着人民生活大计。1978 年召开的党的十一届三中全会开启了改革开放历史新时期。家庭联产承包责任制的推广实施,推动了农村劳动生产力水平的提高,提升了农民的收入水平,开创了我国农业发展和土地利用的新局面。

随着社会经济的发展和科技的进步,广大农村居民的生产和就业方式更加多元化。一方面,一些地区的家庭缺乏足够的时间、精力和专业技术去从事农业生产;另一方面,随着农业机械化程度的大大提高,很多劳动力从农业生产中解放出来,从事其他产业的生产活动。鉴于这些重要变化,新时代社会主义建设对土地生态保护和耕地生产可持续发展提出了更高的要求。

2014 年 11 月,中共中央办公厅、国务院办公厅印发了《关于引导农村土地经营权有序流转发展农业适度规模经营的意见》,指出"坚持农村土地集体所有,实现所有权、承包权、经营权三权分置,引导土地经营权有序流转,坚持家庭经营的基础性地位,积极培育新型经营主体,发展多种形式的适度规模经营,巩固和完善农村基本经营制度"[①],这一政策丰富了社会主

[①]　《中共中央办公厅　国务院办公厅印发〈关于引导农村土地经营权有序流转发展农业适度规模经营的意见〉》,《人民日报》2014 年 11 月 21 日。

义土地制度的内容。"三权分置"制度很好地维护了农民的根本利益,提高了土地经营效率和资源利用率,提升了土地承载力,为农村和农业的发展注入了新鲜活力。2016 年中共中央办公厅、国务院办公厅印发了《关于完善农村土地所有权承包权经营权分置办法的意见》,明确提出"现阶段深化农村土地制度改革,顺应农民保留土地承包权、流转土地经营权的意愿,将土地承包经营权分为承包权和经营权,实行所有权、承包权、经营权(以下简称'三权')分置并行,着力推进农业现代化,是继家庭联产承包责任制后农村改革又一重大制度创新"①。

第二节　土地承载力的内涵与发展

　　土地适度规模经营有利于提高土地资源的使用效率,提升土地承载力,而土地承载力也是土地流转租金的参考,对其进行科学测度有助于进一步规范有序推进土地流转。本节从土地综合承载力的内涵出发,分别从现阶段研究和未来研究的发展和不足两个视角出发,研究土地综合承载力理论的发展。

一、土地承载力的内涵

　　伴随着生产力水平的提高和科学技术的进步,人类社会快速发展,土地承载压力逐步增大,诸如土地资源浪费、地下水资源污染、森林草地资源成为畜牧业无节制生产的牺牲品、矿产资源被大规模的开采等现象进一步弱

---

①　《中共中央办公厅、国务院办公厅印发〈关于完善农村土地所有权承包权经营权分置办法的意见〉》,《人民日报》2016 年 10 月 31 日。

化了土地承载力。由此,土地承载力的研究逐步发展起来。

1812 年,马尔萨斯提出人口与粮食问题的假说,自此承载力理论由人口统计学引入到了经济学、社会学以及生态学等学科的研究中。因此,承载力理论在土地资源研究领域的应用对探索人地和谐有着重要的意义。土地承载力由早期反映人与耕地关系的土地人口承载力,过渡到中期反映人与土地资源关系的土地资源承载力,最终发展为反映人与整个土地生态系统关系的土地综合承载力。

土地承载力早期研究的土地人口承载力,一些学者主要着眼于简单的人地关系并对其进行界定。我国对于土地人口承载力的研究始于张剑光(1988)的《重庆市土地人口承载力研究》,其指出土地人口承载力是在一定社会经济、技术条件下,单位面积土地能够承受一定营养水平的人口数量。[①] 王凤兰(1990)在《土地人口承载力研究方法与模式简述》中针对国外现有的土地人口承载力的方法和理论模型进行了总结,对我国土地人口承载力研究进行了展望并提出今后的研究将会以资源—环境—人口三者之间的矛盾为主线[②],以后的很多研究也围绕此展开。

对于土地承载力研究发展中的土地资源承载力,从事相关科学工作的学者又根据人与土地资源的关系对其进行定义,陈念平(1989)提出根据土地资源承载力的基本概念和前提条件,针对土地资源承载力的土地资源评价必须以土地生产能力的特性和在承载力意义上人对土地的需求为依据,即针对土地供养的具有一定的生活水平的人口对土地的需求进行评价。[③]因此,土地综合承载力由土地人口承载力和土地资源承载力综合而来,可以概述为在一定发展阶段和技术资源水平下,某区域所能承载的发展能力,涵

---

① 张剑光:《重庆市土地人口承载力研究》,《地理学与国土研究》1988 年第 3 期。
② 王凤兰:《土地人口承载力研究方法与模式简述》,《农业技术经济》1990 年第 4 期。
③ 陈念平:《土地资源承载力若干问题浅析》,《自然资源学报》1989 年第 4 期。

盖所创造出的能满足人类生活所需的各种价值,包括自然价值、社会价值以及生态价值。

二、土地综合承载力研究的发展历程

1650 年德国科学家 Varenius 在《通论地理》中首次提出"人地关系"这个概念,将人类与土地的矛盾正式拉入到了科学界研究的范围。1921 年 Park 和 Burgess 将这种关系逐步地理论化,第一次用承载力这一概念来刻画人类社会同土地资源之间的关系,他们从土地资源制约粮食产量的视角来分析人地关系,这是承载力形成概念的理论开端。1953 年学者 Odum 基于此前数学表达式的经验,将土地承载力概念与逻辑增长方程联系在一起,又将其向前推进了一步,使土地承载力更为精确表现为数学形式。但是,这个阶段的土地综合承载力研究还主要侧重于承载人口限度研究,主要研究土地或粮食与人口关系的土地人口承载力[1]。

20 世纪 80 年代,Slessor 建立了 ECCO 模型研究土地承载力。进入 21 世纪以后,国外学者对土地资源承载力问题进行了更加深入的研究。Murray Lane(2010)认为针对土地承载力问题开展一系列研究需要通过建立能够涵盖多种评价体系、面向未来空间规划方向的动态模型,模型中至少应包括风险接受度、反应灵敏度等方面的评价指标[2]。

朱宝树(1991)提出在研究各地区人口与人口承载力的关系时,应将经济和资源承载力这两个侧面既加分解又加综合,具体考察各地区人口与经

---

①　张霞、石宁卓、王树东等:《土地资源承载力研究方法及发展趋势》,《桂林理工大学学报》2015 年第 2 期。

②　Murray Lane.The carrying capacity imperative:Assessing regional carrying capacity methodologies for sustainable land-use planning[J].Land Use Policy,2010,27(4).

济、资源承载力三者之间的相互关系①。在此基础上,王书华、曹静(2001)
对土地承载力进一步完善总结,认为土地综合承载力是指在一定时期,一定
空间区域,一定的社会、经济、生态环境条件下,土地资源所能承载的人类各
种活动的规模和强度的阈值②。土地承载力研究逐步转变为动态地分析人
类社会和生态系统间的复杂关系,并逐步壮大发展为涉及各个领域的科学
理论。

三、土地承载力研究的发展以及与本研究的结合

以往文献关于土地承载力的概念并不统一,指标综合评价体系差距很
大,但是综合来看,土地综合承载力的有关研究从整体理论上非常重视环境
功能上的协调性和区域间的差异性,并且在研究资源环境承载力的方向上
基本形成了较为系统的方法体系。

(一)土地承载力与可持续发展相结合

可持续发展原则认为人与自然的关系应该是和谐统一的关系,尤其强
调当前人类社会的各种活动应建立在不损害未来人类生存权益的条件下,
这为开展土地承载力研究提供了重要的理论依据。土地资源为人类的各种
活动提供了物质条件和空间载体,尽管土地资源是可再生资源,但随着人口
数量的急剧膨胀,土地资源的自我修复能力面临着严重的挑战。

(二)土地承载力的空间化发展

无论是从全球视角还是从地区视角来看,土地资源的种类和数量总是
展现出极大的差异性,这种差异性的存在对人类活动构成了明显的约束。

---

① 朱宝树:《我国人口与经济—资源承载力关系区域模式初探》,《人口学刊》1991 年第
5 期。

② 王书华、曹静:《土地综合承载力评判指标体系的构建及应用》,《河北省师范大学学
报》2001 年第 1 期。

为了充分发挥不同种类土地资源的价值,需要对土地开发和利用进行合理的规划。在规划中要充分考虑人口、资源、气候、区位等多种要素,构建人类社会和自然环境间的空间立体发展格局。不同土地规划对土地承载力的要求明显不同。鉴于这些复杂情况,土地承载力的研究不应是静态单一的,而是更加动态化和多元化的。推进区域承载力协同发展,这将会成为土地承载力研究的主旋律。

(三)土地承载力研究方法的发展

现阶段仍需进一步统一和完善土地承载力综合评价指标体系,在保持现有经济、资源、生态、社会等基础子系统的同时,吸纳地理信息系统、卫星遥感系统、大数据系统等现代科技要素,丰富空间立体化领域的研究。在研究方法方面也存在一些需要完善之处:

1. 研究数据不易搜集和获取,目前我国公开的数据仅在地级市及以上较为系统和完整,因此对于县域或者更小范围空间的土地承载力研究还存在一定难度,在一定程度上会影响分析评价的效果。另一方面,由于构建指标体系过程中,某些指标一些年份的数据很难获得,很可能无法进入指标体系,容易导致指标体系构建不完整,也会导致分析评价质量降低。很多研究选择使用综合评价指标体系,在构建指标体系的过程中选择了一些能够进行量化的数据,而较少考虑诸多现实条件能否按理论的要求进行转化表达,例如一些政策、科技和文化等因素如何通过经济理论进行数字化的表达,这些因素对于土地承载力也起到非常重要的影响作用。

2. 部分土地承载力的研究只考虑了某一承载系统,这种方法仅能从土地承载力某一系统视角展开,简化了承载力的研究。

3. 在综合评价指标体系的使用过程中,有些研究指标权重的测算往往偏主观,这使得土地承载力综合评价得出的结果是否具有科学性饱受争议,所以在指标选取和赋权方法选择方面需要进一步完善。

总之,土地承载力指标体系设置、方法选择研究仍需进一步推进,本研究充分吸收、借鉴其他方法的优点,力争进一步完善现有方法,使承载力得出的评价结果能够更加准确。

第三节 "三权"分置与土地流转

一、"三权"分置与土地流转的关系

1978 年以来,我国农村土地制度改革工作不断推进。一些农户经营过程中,由于自身缺乏先进的生产技术、工具和专业知识等关键因素,加之从事非农生产活动而忽视农业生产,不仅不能有效增加农业产出,反而在一定程度上浪费了土地资源。"三权分置"从农民的承包权中分离出经营权,农民可将经营权交于有管理经营经验和先进技术的组织(合作社、公司等),这样保障了农民的基本权益,更加高效地开发和利用土地资源。本节从"三权分置"的角度对土地流转进行分析,总结现阶段土地流转的形式以及流转中存在的问题。

二、目前土地流转实践中的主要形式

目前土地流转的主要方式有转包、互换、转让、入股、出租等[①]。从流转双方看,现阶段我国的土地流转模式主要分为两种,一是农户将土地流转给其他的农户,二是农户将土地流转给专业的合作社或种植企业等规模经营实体。在这些方式中,政府在中间都发挥了非常重要的作用,承担引导、保

---

① 《土地流转的方式主要有哪些》,中国土地法务网,https://www.tuliu.com/read-8322.html。

障等关键角色。

农户之间相互流转土地的模式在农村地区比较普遍,由于政策认知度不高,一部分农户比较偏向这种方式,但这种方式的实际效果和收益并不能让农民完全满意,在实际流转过程中时常发生土地流转矛盾纠纷。一些地区因合同或协议的不正规或缺失导致的纠纷屡屡出现,对此应进一步加大宣传力度,普及土地流转政策,不断完善流转手续,提升农户土地流转意愿与政策认知水平。

在将土地流转给种植企业这种土地流转模式中,农户将土地的经营权流转给企业,企业根据土地自身的资源情况对其用适合的开发方式进行评估,这种集中化、科学化的经营方式有助于提升效率。例如湖南省浏阳市农民将自己的土地进行入股,统一交给企业进行经营,共同承担抵御风险的责任,收入也按股份的大小进行分配;安徽省绩溪县的农民与互联网企业进行合作对接,将土地交由企业进行种植规划,从当前市场的需要和本地气候条件两个主要方面进行考量,按照量身定做的生产计划进行种植,等到农产品收获时,互联网企业能够快速地将农产品销售出去,既解决了科学生产问题,又解决了一直以来存在的销售问题,同时通过雇用一些耕地较少或者外来的农民进行种植,也解决了一些农村的就业问题。

三、目前土地流转中的主要问题分析

土地流转需要把控好整个流转过程,规范经营主体,保护农民的权益,最大化地科学利用土地资源,解决土地碎片化问题。

在现有的土地流转中,还存在一些不容忽视的问题。一些地区存在规模经营实体改变土地用途的行为,或者在流转期内过度开发土地,造成土地的承载负荷过重而影响土壤生态系统。一些地区土地流转相关政策宣传力度仍需加大,调研发现很多农户对土地的权属认知有误解,土地流转认知程

度不够,这些因素将影响到农户土地流转意愿。一些地区农户将土地流转给熟人、亲戚的比例很高,通常是口头约定土地流转时间等事宜,土地流转合同缺位,容易产生纠纷并且纠纷调解难度大。一些地区土地流转市场化的模式还不成熟,交易信息不对称将影响供需双方之间的及时沟通,有的农户将土地流转出去,但是并没有获得满意的经济收益,这就需要进一步加强土地流转交易市场和平台建设,进一步加强市场监管和完善保障机制。

基于以上问题,需要从多个方面进一步完善土地流转。一是要从政策宣传上入手,进一步加强宣传,只有充分了解政策的好处,明白土地政策对自身生活的积极影响,更多的农户才会踊跃地加入到土地流转中来,从而规范有序推进土地流转。二是进一步完善土地流转的运行和监管机制,落实各方应有的权利和责任,防范可能出现的纠纷发生,明确相关法律责任人。三是进一步建设和完善土地流转平台,促进流转信息的及时交流。总之,解决目前存在的一些问题,需要开展广泛的调查研究,充分了解农户在土地流转中的意愿,厘清农户土地流转意愿与行为的影响因素。

第四节 土地流转相关主体意愿、行为的博弈分析

博弈论的思想在土地流转中非常适用,它通过寻求一种平衡状态,达到多方共赢的局面。因此本节从博弈论的理论出发来分析土地流转主体之间的博弈,最大限度地发挥土地流转制度的积极效用。土地流转需要充分了解和研究各个参与主体的博弈关系,农户、规模经营实体的目的是增加经济效益,从国家和社会的角度来看,应该使社会资源配置更有效,这种效益不

仅仅包括经济效益,还包括社会效益和生态效益。协调好各方利益和诉求,对于完善土地流转经营方式,发展适度规模经营具有重要意义。随着城镇化的快速发展,农村剩余劳动力向城市流动,很多年轻人选择去城市打工,本地从事农业生产的人员年龄偏大,出现闲置、撂荒等土地资源浪费现象。另一方面,地方政府、规模经营主体以及一般农户(土地流转监管方、土地流入方、土地流出方)三者构成土地流转的主要利益相关主体。政府通过制定政策,引导和监管土地流转,更多地关注土地流转的社会效益;规模经营主体是土地流转的主要流入方,其主要利益诉求为节约成本扩大经济收益;而土地流出方主要诉求在于获取土地经营权流转收益,往往在博弈中处于相对弱势地位。所以,土地流转既要保障农民的利益又要与国家经济发展战略相结合,达到各方利益主体的均衡。

一、地方政府和基层组织与一般农户的博弈

博弈中各相关主体均要考虑收益,各方在博弈中实现均衡。土地流转过程中,地方政府和基层组织可以很好地监督和保障土地流入主体和流出主体之间的关系,发挥引导、管理、监督等职能。政府的动机主要体现为促进土地有序流转,保障土地资源能有效满足经济社会平稳运行的需求,充分发挥土地的综合效益,其策略体现在制定政策、搭建平台、完善保障体系、提供服务、监督管理等方面。

农户作为主要的土地流出方,在博弈中主要目标为取得土地流转收益,其博弈策略主要表现为参与或者不参与土地流转,农户从自身从事农业生产的收益、土地流转获得的收益、从事其他生产的机会成本、家庭劳动力、规避农产品市场降价风险等方面进行综合考虑,当土地流转收益大于自己种植获取的收益时,其策略表现为倾向于参与土地流转。

现实中,农户的决策行为取决于其家庭自身的经济禀赋以及外部政策

环境①。地方政府和基层组织与一般农户的诉求具有很大程度上的一致性,政府通过政策引导土地流转,促进经济发展和提升农户收益。但政府还要综合考虑土地流转中的社会效益和生态环境效益。农户则更倾向于经济收益,当土地流转收益达不到其预期时,或者对土地流转意义、政策认知不充分时,或者由于守土情节等因素对流转出土地后的保障存在担忧时,都会影响其土地流转决策。因此,土地流转需要充分考虑农户对流转收益、流转周期等关键要素的诉求,加强农户权益保障。

地方政府和基层组织需要采用多元化的策略促进土地资源高效的流转,加大宣传力度,让农民了解“三权分置”和土地适度规模经营的积极作用,将从农户观念上进行转变,调动农民参与土地流转的热情,可以采取以下措施:建立完善的流转平台;提供技术帮扶或者聘请专业的人员进行技术指导;监督合同的执行,对违规行为加大惩罚力度,打消农户土地权益被侵害的顾虑。

二、地方政府和基层组织与规模经营主体的博弈

地方政府和基层组织与规模经营主体之间的博弈是土地监管方与土地流入方的博弈,体现在政策补偿上的博弈和监管上的博弈等方面。地方政府和基层组织期望规模经营主体按照国家的农业政策进行农业生产,按照政府规划从事生态建设;希望引入规模经营主体建立完整的生产销售体系,提升农业生产效益。而规模经营主体作为有实力来进行土地规模经营的博弈主体,其承担主要的农业种植风险,面临着土地流转成本和经营成本,自身更看重流入土地以后能否获得可观的经济收益,能否获得国家一定的政策补贴。

---

① 曹阳、王春超、李鲲鹏:《农户、地方政府和中央政府决策中的三重博弈——以农村土地流转为例》,《产经评论》2011 年第 1 期。

从地方政府和基层组织与规模经营主体博弈策略上来看,地方政府设定更多的优惠条款来吸引并激励规模经营主体开展农业经营,从而加大土地流转的规模;在谈判阶段,可以完善登记备案等流程来规范和保障流转行为,这些都可以吸引到更多的规模经营主体参与土地流转。规模经营主体的博弈则希望在和地方政府谈判中降低自己的流入成本。

三、一般农户与规模经营主体的博弈

一般农户与规模经营主体的博弈是土地流出方与土地流入方之间的博弈,主要体现在经济收益和权益保障等方面,一般农户作为土地的流出方,更希望能通过土地带来更多的收益和制度保障。一方面,种植技术经验丰富的一般农户,在没有其他收入渠道的情况下,更倾向于从事农业生产,通过扩大生产规模增加产量来获得经济收益。自然灾害会严重威胁农产品的产量而且市场价格也具有不确定性,一般农户缺乏足够的抗风险能力,具有通过以人力、土地等方式参与土地流转来获取收益的动机。非农就业渠道更广泛的农户,既想通过转让经营权或是以入股的方式获取相应的收入,又存在收入不稳定时将土地收入作为后备保障的依赖,博弈决策时进行土地流转意愿有时存在犹豫。规模经营主体作为土地的流入方,更希望以较低水平的价格来取得农民手中土地的经营权,其利益诉求是通过土地流转获得较高的经营利润。

农户与规模经营主体在流转期限、流转租金等方面存在博弈策略矛盾,需要达到博弈均衡。谈判过程中农户希望提高土地流转租金,或在合同中希望加入灵活的租期时限或额外的分红条款来提高收益。规模经营主体则希望压低土地流转费用来节约成本,通过谈判获取合同优势。

在经营过程中,农户希望流转收益灵活增长,并且土地不会被过度使用而影响地力。而规模经营实体希望提高生产经营效率来争取在经营期内收

回成本并扩大收益,防止不稳定的流转期限对经营造成的影响,容易产生过度使用土地的问题。当二者决策存在博弈冲突时,容易引起单方违约从而产生纠纷,例如当市场风险来临时出现规模经营主体单方违约"跑路"的现象。因此二者博弈过程中需要政府和基层组织的引导和监管,例如通过制定鼓励和培养规模经营主体的政策提升其土地流转积极性,提升其抗风险能力,通过规范合同和登记程序、完善调解流程等措施消除农户流出土地的后顾之忧。此外,市场、保险公司、农业科研机构等均可在土地流转中发挥重要作用。

总之,规范有序推进土地流转需要综合平衡土地流入方、土地流出方等博弈主体的诉求,把控好土地流转的各个环节,建设良好的土地流转环境,实现多方共赢的局面。

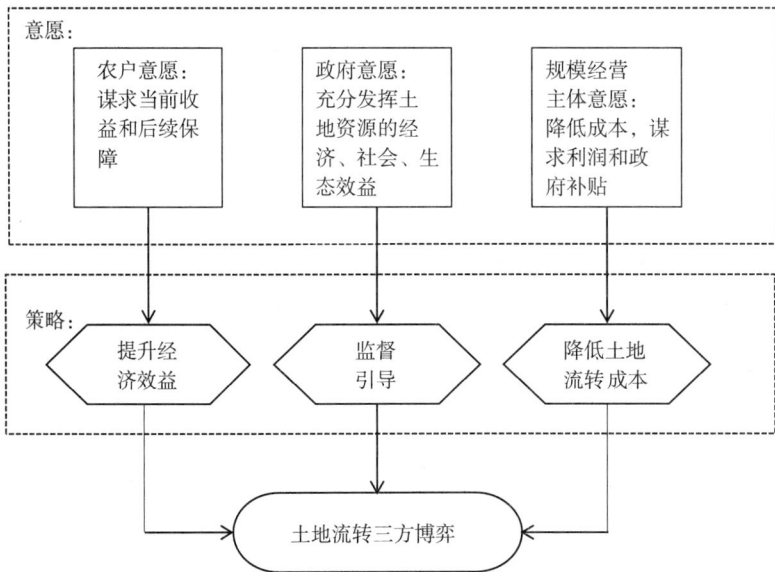

图 1-1 土地流转三方博弈关系

第五节　土地流转意愿、行为主要
影响因素及作用机制

一、土地流转意愿、行为的主要影响因素

农户的流转意愿及流转行为不仅受教育程度、家庭收入、土地流转政策认知等农户自身因素的影响,土地流转市场价格的高低、土地流转市场平台的健全度以及社会保障发展水平等外部因素也会影响农民的流转意愿及行为。本节通过梳理影响土地流转意愿和行为的因素来探索两者之间的作用机制。农户的流转意愿是影响流转行为的基础因素,虽然是否具有土地流转行为还要与许多其他因素相联系,但将土地流转意愿转化为土地流转行为是分析问题的关键一环。

二、土地流转意愿、行为主要影响因素的作用机制

土地流转意愿和行为的作用机制受到国家的土地政策、土地流转经济收益以及农户自身特征等三个方面的影响,从土地流转的监管角度出发,土地流转登记程序越成熟、社会保障发展水平越高,农户土地流转的意愿也会越强烈。

从自身利益最大化的角度看,土地流转为农户带来的直接经济效益越高,农户的流转意愿也会增强。由于农户分散经营,部分农户信息渠道不畅,自身很难获得及时准确的市场交易信息,在土地流转市场中处于弱势的地位,这也是很多农户土地流转意愿不高的原因。能否合理分配土地收益是农户密切关注的问题,作为土地流入方的规模经营者在保证自身经济效

益的同时也要合理让利,让农户切实感受到收入水平的提高。对于农户以土地入股的方式进行经营权流转的,土地经营方要适时披露经营信息,保障农户的知情权。

从农户自身对土地流转认知的角度看,农户的知识文化水平越高、对土地流转越了解,越容易产生土地流转的意愿。一般来说,受教育水平越高,对于土地流转政策、意义的了解越透彻,接受度也会随之提升,实际参与土地流转的比例也会越高。此外,一般来说农户受教育程度越高意味着能从事更多其他的职业,农户收入来源也会更加多元,对土地的依赖性也会降低,进行土地流转的意愿也会更高。加强对农户适当的职业技能培训和就业指导,使农户做到"失地不失业",使农户自身的收入得到持续的保障,也将提升土地流转意愿。

总之,土地流转意愿和行为受到多方面影响,并且这些因素内部也会产生影响,研究中需要分析和遵循这些作用机制,提高土地流转的驱动力,更好地促进土地流转意愿向土地流转行为的转化。

第六节　生态补偿、生态效率与土地流转意愿、行为的关系

在土地流转过程中应注重生态环境保护,规模化经营必须降低对生态环境的不合理扰动,推进经济与环境的协同发展。农户的土地流转意愿同时也会受到生态效率、生态补偿金额等因素的影响,在生态环境利用程度和经济发展水平的共同影响下作用于土地流转行为。

规范有序推进土地流转和发展适度规模经营建立在不影响土地质量和

生态环境稳定性的基础上,尤其是在贫困地区和涵养区,由于经济基础薄弱、保护环境等因素很多产业受到限制,影响到经济发展,推进这些区域的土地流转,一方面有助于提升农业增加值,另一方面也有助于通过推进退耕还湿、退耕还林、退耕还草等生态工程,增加生态保护用地,优化农地资源的合理配置,减少化肥农药带来的污染,提升土地资源生态效率。在此过程中,完善生态补偿机制将大大提升农户土地流转意愿,促进流转意愿向流转行为的转化,提升社会农业生产中的生态效益。

生态补偿能够有效地调控土地流转参与主体的意愿和行为,提升土地的生态价值,使土地流转行为持续并充满活力,满足农业现代化的发展要求。土地流转的过程中必然涉及相关利益者的经济收益问题,生态补偿作为一种对生态建设者和保护者进行利益激励的制度,能够在一定程度上平衡生态环境利益与农户经济利益之间的关系。生态足迹、生态效率的科学测度是制定生态补偿标准的重要参考,而生态补偿的合理实施也将进一步推进土地流转意愿和流转行为的匹配。

在湿地、草原、林地等生态环境保护区域,通过生态补偿可以有效提升农户土地流转意愿,提升其参与退耕还湿、退耕还草、退耕还林等生态保护工程的主动性,推进绿色生产的转化,提高土地的利用效率。同时,通过土地流转和适度规模经营对耕种作物进行科学化种植可以节约资源,减少农业种植中的污染,从而保护土地流转过程中农地的生态功能。

土地对于大多数农户来讲具有社会保障功能,土地流转后的生活保障问题以及经济收益问题是决定农民是否产生土地流转意愿的主要影响因素,生态补偿政策的实施可以通过对农民土地流转补贴、给农民创造并提供新的就业机会等方式来增强农民土地流转意愿,从而推动土地流转行为的发生。生态补偿有助于提升农户的保障水平,为对生态保护做出贡献的农户解决生活保障问题,并采取提供工作机会与技能培训相结合的方式切实保障农户权益,从而减少农户对土地流转的后顾之忧。生态补偿作为一种激励生态建设者和保护者利益的制度,通过更加完善的生态补偿机制可以有效促进农户流转意愿和行为,对未来地区农业发展和生态稳定具有重要的作用。

第二章　土地流转意愿、行为的分析方法

　　因素分析法、回归分析法、列联分析法、熵值分析法等分析法逐步被纳入到土地流转意愿与行为分析、土地承载力分析中。鲍盛祥(2014)采用相关分析法研究表明农户对土地流入方的信任度会对土地流转意愿产生正向影响;靳相木、柳乾坤(2016)基于三维生态足迹模型对温州市土地承载力进行了研究,结果表明,温州市土地承担着巨大压力,生态赤字逐年上升;王余丁、黄燕燕(2017)运用多元 Logit 回归模型对河北省贫困地区的农户土地流转意愿和行为的影响因素进行了研究,结果表明,农户土地流转意愿和流转行为的影响因素较为相似,二者既相互影响又相互独立;刘英英、刘春雨等(2019)使用熵值法研究表明社会和经济是促使土地持续利用水平上升的主要因素。通过应用这些方法,可以在整体把握承载力测度水平的前提下,研究影响土地流转意愿与行为的因素,并且找出发展短板和发展优势。

　　本章分别介绍了因素分析法、Logistic 回归分析法、列联分析法、熵值分析法、生态足迹分析法及相关分析法的相关理论、操作步骤、主要优势和局限以及该方法在本书中的应用。其中,本书第一章运用了因素分析法,对土地流转意愿、行为主要影响因素及作用机制做了分析;第四章对不同地区不同地形的土地流转意愿与行为进行了列联分析,使用相关分析法对土地流

转中意愿、行为影响因素进行了相关分析;第五章运用 Logistic 回归分析法对土地流转意愿与行为的影响因素进行了研究;第六章运用熵值分析法对土地流转中的土地承载力进行了评价;第七章使用生态足迹模型,对各地区的人均生态足迹、人均生态承载力、生态盈亏情况以及生态效率进行了计算分析。

第一节　土地流转行为与土地流转
意愿的因素分析法

因素分析法,又可以称为经验分析法,是一种客观科学的定性分析方法。该方法是现代统计学中应用最广泛的一种方法,能够从多数反映事物特征、性质和状态的因素中简化提取几个能够综合体现事物内在联系、决定事物本质特征、同时具有代表性的因素。因素分析法最大功能是利用数学方法处理可观测事物在发展过程中的外部特征和联系,由表到里、由此及彼、去粗取精、去伪存真地处理数据,从而得到客观事物本质的概括。另外,运用因素分析法可以大大简化复杂的研究课题,保持其基本的信息量。

一、因素分析法的优缺点

因素分析法的优点。使用因素分析法可以把一组反映事物特征的变量转化为少数能够反映事物内在关系、决定事物本质的因素,将种类繁多、错综复杂的影响因素科学地"简单化"处理;在探究问题时,还可以由表及里,由浅入深,层层递进;操作简单易行,在研究对象彼此差距较大或时间紧迫的情况下比较适用,可以对研究结果进行相互比较分析。

因素分析法的缺点。因素分析法是一种定性的分析方法,这种方法忽略了添加进一般因素后,其主要因素的影响会产生怎样的变化,没有考虑到因素之间的影响。并且这种方法的分析没有涵盖所有的因素,只能接近事实,使研究结果与事实存在一定的偏差。因素分析法没有定量分析,不能用实验的方法验证,受主观的影响较大①。

二、本书因素分析法的测算步骤

(一)确定需要分析的指标,并将指标进行划分。比如,在研究影响土地流转行为的因素时,土地流转行为作为需要分析的指标,将其影响因素进行划分。同理,在研究影响土地流转意愿的因素时,也是采用这种形式的研究。

(二)控制变量,在分析某一因素对一个经济指标的影响时,假定其他因素不变,保证只有这一个因素的影响,同时确定影响该指标的各因素以及各因素与该指标的关系。例如:在研究种田收入占比是否影响土地流转行为时,保证其他研究变量不变,分析种田收入占比对流转行为的影响,结果表明种田收入占比越大,发生土地流转行为的概率越低。

(三)测算确定各个因素的影响程度大小。在对影响土地流转行为的因素进行分析时,通过逻辑回归,即可得到某一因素对土地流转行为的影响程度大小。

三、本书因素分析法的应用

在本书中第五章使用了 Logistic 回归方法研究了河北省农户土地流转意愿与行为的影响因素,对不同空间和不同地形背景下农户土地流转意愿与流转行为的影响因素及程度大小进行了深入分析,通过横向和纵向对比

---

① 赵志强:《因素分析法在高中地理教学中的应用研究》,东北师范大学 2008 年硕士学位论文。

挖掘地域间的影响因素的异同点。在本书第六章研究土地流转问题时,构建土地综合承载力的评价指标体系,根据生产因素、人口因素、经济因素以及环境因素,将土地综合承载力分为土地生产承载力、土地人口承载力、土地生活承载力以及土地生态承载力等系统层,运用熵值分析法找到承载力的短板,确定影响承载短板的影响程度。

第二节 Logistic 模型在流转意愿
影响因素分析中的应用

对调查问卷中的非量表类问卷研究,常常会涉及影响因素研究,由于调研问卷数据多为定性数据,此类问题的影响因素研究不再适合用一般的线性回归进行分析,需要用 Logistic 回归分析方法解决。

一、Logistic 回归模型的基本原理

Logistic 回归模型是一种将逻辑分布作为随机误差项概率分布的二元离散选择模型,能够计算某一个事件发生的概率[①]。土地流转行为以及土地流转意愿数据以概率的形式将属性变量联系起来,而概率 p 的取值在 0 与 1 之间,直接将概率 $p = \pi(x)$ 与 x 建立线性函数关系并不合适。因此,人们通常把 p 的某个函数 $f(p)$ 假设为变量的函数形式,即

$$f(p) = \ln \frac{\pi(x)}{1 - \pi(x)} = \ln \frac{p}{1 - p}$$

---

① 王济川、郭志刚:《Logistic 回归模型:方法与应用》,高等教育出版社 2001 年版,第126—175 页。

我们将其称为 Logit 函数,也叫逻辑斯蒂变换。经过 Logit 变换,可以使因变量的数值在 0—1 间变动,避免了普通线性模型的结构缺陷,是对普通线性模型的扩展。

假设响应变量 Y 是二分类变量,令 $p = P(Y = 1)$,影响 Y 的因素有 j 个 $x_1, \cdots, x_j$,则称:

$$\ln \frac{p}{1-p} = g(x_1, \cdots, x_j)$$

为二分数据的 Logistic 回归模型。模型中 j 个因素称为 Logistic 回归模型的协变量。二元 Logistic 模型的形式为:

$$\ln \frac{p}{1-p} = \beta_0 + \beta_1 x_1 + \cdots + \beta_k x_k$$

其中,$\beta_0, \beta_1, \cdots \beta_k$ 是待估参数。根据上式可以得到优势比的值:

$$\frac{p}{1-p} = e^{\beta_0 + \beta_1 x_1 + \cdots + \beta_k x_k}$$

可以看出,参数 β_k 是控制其他 x 不变时,x_i 每改变一个单位,优势比对数的变化值。概率 p 的值:

$$p = \frac{e^{\beta_0 + \beta_1 x_1 + \cdots + \beta_k x_k}}{1 + e^{\beta_0 + \beta_1 x_1 + \cdots + \beta_k x_k}}$$

将土地流转行为(发生=1,不发生=0)、土地流转意愿(愿意=1,不愿意=0)分别与年龄、文化程度等因素建立 Logistic 回归模型,通过计算概率 p 的值,得到农户产生土地流转行为的概率或农户意愿进行土地流转的概率,达到预测的目的。

二、Logistic 回归分析法的优缺点

（一）Logistic 回归分析法的优点

1. 使用 Logistic 回归模型操作简单,易于分析,可以快速找到影响因素

及影响程度大小,为研究实证提供有利依据。

2. 建立 Logistic 回归模型,可以根据模型,在不同引入自变量的情况下,预测发生某种情况的概率的大小。

3. Logistic 回归模型可以对预测的结果进行比较和检验,对于决策选择和类别鉴定具有很好的应用。

4. Logistic 回归模型不仅可以应用于数值型数据,也可以应用于分类型数据。

(二)Logistic 回归分析法的主要局限

1. Logistic 回归模型的参数估计大多采用最大似然函数法,对样本大小有一定的限制,理论上要求大样本。

2. Logistic 回归模型较难解决"多重共线性"的问题。

三、本书 Logistic 模型的应用

Logistic 回归分析适用于研究自变量对因变量的影响,该方法要求因变量必须是分类数据,可以是二分类变量,也可以是多分类数据,对自变量的数据类型没有严格的要求,可以是数值型数据,也可以是分类型数据。在研究过程中,发现多种因素可能会影响农户的土地流转行为以及土地流转意愿,在本书中土地流转行为的结果分为"发生"和"不发生"两种,土地流转意愿分为"愿意"和"不愿意"两种情况,两个因变量均为分类变量,符合 Logistic 回归模型使用的条件,适合运用二元或多元 Logistic 回归模型进行分析。

本书第五章主要使用二元 Logistic 回归方法对农户的土地流转意愿与流转行为的影响因素进行了研究,并深入分析了不同空间和不同地形背景下农户土地流转意愿与流转行为的影响因素,通过横向和纵向对比挖掘地域间的影响因素的异同点。

第三节 列联分析在土地流转意愿与
行为分析中的应用

农户的土地流转行为往往受到农户意愿的影响,运用列联分析才能够进一步探索土地流转意愿与行为之间的关系,了解农户的行为是否受到本人意愿的影响,有意愿的农户是否最终转化为流转行为。

一、列联分析的基本原理①

列联表就是将两个或两个以上的定性变量处理成可以进行分析的交叉表形式,本文将土地流转行为的发生与否和农户土地流转意愿的愿意与否作为两个定性变量构建交叉表。在处理问卷信息时分别用"1""0"代表农户土地流转行为发生和不发生,分别用"1""2"代表农户愿意进行土地流转、不愿意进行土地流转,运用 SPSS 统计软件处理农户土地流转意愿与行为的概率分布数据,做出交叉表进行分析,结果如表 2-1 所示:

表 2-1 农户流转意愿与行为交叉表 （%）

		流转行为	
		流转	未流转
流转意愿	愿意	a	b
	不愿意	c	d

---

① 贾俊平、何晓群、金勇进:《统计学》,中国人民大学出版社 2015 年版。

表 2-1 中,a 是在愿意流转的农户中发生流转行为的百分比,b 是愿意流转的农户未发生流转行为的百分比,相应的 c 和 d 分别是在不愿意进行土地流转的农户中发生了土地流转与未发生土地流转所占的百分比。主对角线上的概率也就是 a 和 d 代表农户流转意愿与行为匹配,反对角线则是不匹配的情况。在分析时应该对 b 和 c 的值多注意,进一步分析农户意愿与行为未能匹配的内在原因。

交叉表仅仅能描述出两个定性变量之间的频数或者概率分布情况,真正要了解两个变量间是否存在关联或是相互独立就需要对其进行卡方检验。本文通过列联分析来探索不同地区下农户的流转意愿与行为之间的关系时,也可以运用卡方检验对二者之间的关系进行检验。

χ^2 分布的定义:假设 $X_1, X_2, \cdots, X_n$ 是 n 个相互独立的随机变量,且 $X_i \sim N(0,1)$, $i = 1, 2, \cdots, n$,那么就定义 $X = X_1{}^2 + X_2{}^2 + \cdots + X_n{}^2$ 服从自由度为 n 的 χ^2 分布,记作 $X \sim \chi^2(n)$。

χ^2 可以用于检验变量间的独立性,主要应用于分类变量。其中,f_o 表示观测频数,f_e 表示期望频数,则 χ^2 统计量可以表示为:

$$\chi^2 = \sum \frac{(f_o - f_e)^2}{f_e}$$

卡方检验要求设置原假设和备择假设,在研究不同地区农户流转意愿与行为的关系时,设立原假设 H_0:农户的流转意愿与行为是相互独立的;备择假设 H_1:农户的流转意愿与行为存在关联[①]。

χ^2 值的大小与行数和列数的乘积有关,行数与列数的乘积值越大,在分布情况不改变时,χ^2 值越大。χ^2 统计量的分布与自由度有关,χ^2 分布自由度

---

① 严围围:《基于统计建模下共享单车的调查分析与前景预测》,曲阜师范大学 2018 年硕士学位论文。

的计算公式可以写为:自由度=(行数-1)×(列数-1)。x^2 统计量描述的是观测和期望的接近程度,如果两者越接近,即所有的 f_0-f_e 的绝对值总和越小,计算得出的 x^2 值越小,反之亦然。根据 x^2 值落在 x^2 分布中的拒绝域或者接受域最终确定接受原假设(独立)还是接受备择假设(不独立)。

二、列联分析的优缺点

列联分析主要用于分类变量之间关系的探寻,运用列联分析能够直观地得出所研究的两个变量之间是相互独立还是具有关联,同时将结果以交叉表的形式呈现,能够更直观地发现存在的问题,对于大多是分类变量的问卷数据,进行两个变量的关系研究起到了很大的帮助作用。本书第四章就是从河北省不同地区和地形角度运用列联分析对二者关系进行分析研究,并且根据研究结果挖掘出阻碍流转意愿向流转行为转变的因素。

列联分析的优点。列联分析是进行分类、顺序变量相关性分析的方法,简单易操作,比较容易理解,适用范围广泛,以图表的形式直观呈现,操作简单,灵活方便,可靠性强,能够客观地判断同一个调查对象的两个特性之间是否存在明显相关性[1]。

列联分析的缺点。在用卡方分布进行独立性检验时,要求样本量达到一定水平,如列联表内某些单元格样本量过小,则分析加总的各分类期望频数和观测频数差异时,其代表性就相应降低,超过一定范围将无法运用卡方检验进行分析。

三、列联分析在本书中的应用

运用统计软件对数据进行分析后会得到 Pearson 卡方和似然比以及渐

---

[1] 邵明英、李蓓:《新社会阶层对大学生学习影响的研究分析——以北京高校大学生为例》,《中国青年政治学院学报》2010 年第 5 期。

进 Sig 值,以显著性水平 0.05 进行检验,若 p 值大于显著性水平 0.05,则认为不拒绝原假设,即农户土地流转意愿与行为之间没有关联,二者独立;若 p 值小于 0.05,则认为拒绝原假设,认为农户的土地流转意愿与行为之间存在较为显著的关联性。根据得出的结论分别对意愿与行为独立或者意愿与行为存在关联的两种情况做进一步的分析,探索其中的原因。

本书第四章中,对不同地形下农户的流转意愿和行为之间的关系进行了列联分析,同样对其他相关关系进行了分析,重点是运用卡方检验来验证变量间的关系。在设立原假设时同样是假设两个变量相互独立,从而根据得到的结果进行深层次的分析,判断不同地形的农户土地流转意愿和土地流转行为之间是否具有相关性。根据各个自变量与因变量的相关程度,选取具有相关性的变量进入影响因素模型。

第四节　熵值分析模型在土地综合承载力评价中的应用

一、熵值法的原理

根据信息熵的理论,以某一解释指标的变异程度为标准,权衡指标体系中该解释指标重要性的高低,指标各数值之间差异越大,数据越有序,不确定性越小,熵也越小,从而信息增益越大,权重越大。当某一指标所有数值均相等时,该指标无法评价研究对象的差异,熵值达到最大,为可删除变量,重要性即最小[1]。本书第六章通过利用熵值法确定各个指标的权重,进而

---

[1]　许祎航:《基于熵值法与功效系数法的太龙药业财务风险预警研究》,湖南大学 2014 年硕士学位论文。

对土地综合承载力进行评价,从而找到研究对象的短板所在,对存在的短板进行针对性的分析并提出有效的建议。

二、熵值法的测算步骤

假设选取了 m 个解释指标,n 个城市,原始数据矩阵可以表示为:

$$x_i = \sum_{j=1}^{n} x_{ij} \cdot w_{ij}$$

(一)数据标准化处理。构建的评价指标体系一般情况下均会存在量纲不一致的情况,模型计算时不能直接进行运算,也不能进行比较。同时指标体系除了包含正向指标外,还经常包括负向指标(成本类指标),与正向指标不同之处在于此类指标值越小说明指标情况越好。此外指标体系还存在绝对指标和相对指标。因此,为了保证数据在对比分析时的可比性和科学性,首先要对数据进行标准化(无量纲化)处理。一方面,针对绝对指标和相对指标等量纲不统一的问题,常见的方法有归一法、Z 值法、极值法等。本书在进行数据标准化处理时,采用归一法,即取每个指标在整体数据和中的占比,模拟每个数据发生的概率进行标准化处理,从而建立新的数据矩阵。对正负指标不统一的问题,本书采取对负向指标取倒数的处理方法。对原始数据进行标准化处理的公式如下:

$$P_{ij} = \frac{X_{ij}}{\sum_{i=1}^{n} X_{ij}}$$

其中,P_{ij} 为标准化后的数据,x_{ij} 为原始数据。

(二)计算各项解释指标的熵值 e_j。根据标准化后的数据矩阵,计算每个土地综合承载力评价指标的熵值,即 $e_j = -K \sum_{i=1}^{n} p_{ij} \ln p_{ij}$,其中 $e_j \in [0,1]$,计算公式为 $K = 1/\ln(n)$。用此常数进行处理作用类似于将计算的熵值进行标准处理,便于用统一的初始熵和每个指标的 e_j 相减计算信息增益。

(三)计算各项解释指标的变异系数 g_j。变异系数或者称信息增益,可以很好地描述数据的离散程度,变异系数越大代表离散程度越大,数据离散程度越大其评价能力越好,表明指标的影响程度越大,相应的权重也越大。变异系数 g_j 计算公式为 $g_j = 1 - e_j$。

(四)计算各解释指标的权重 W_j。每一指标的变异系数在总变异系数中所占的比重,可以很好地说明指标的重要程度,最终表示为各项指标的权重公式为:

$$W_j = \frac{g_j}{\sum\limits_{j=1}^{m} g_j}$$

(五)计算解释指标影响程度的得分 F_{ij}。各项解释指标的权重与标准化后的数据的乘积即为各项指标在土地综合承载力中的影响水平,计算公式为:$F_{ij} = W_j P_{ij}$,式中 P_{ij} 为标准化后的数据矩阵。

(六)各项解释指标影响程度得分的汇总加和 F_{ij},即可得到土地综合承载力四个系统层影响因素指标的整体影响水平,其加总即为各城市的土地承载力的综合得分,计算公式为:

$$F_1 = \sum_{j=1}^{k_1} F_{ij}, \quad F_2 = \sum_{j=k_1+1}^{k_2} F_{ij}, \quad F_3 = \sum_{j=k_2+1}^{k_3} F_{ij}, \quad F_3 = \sum_{j=k_3+1}^{k_4} F_{ij}$$

$$F = \sum_{z=1}^{4} F_z$$

三、熵值法在本书中的应用

在本书第六章中使用熵值法研究土地综合承载力,从而为科学核算土地流转租金和生态补偿标准服务提供参考,还有利于对河北省九个地级市土地承载力短板进行分析,熵值分析法可以找到引起承载压力过重的各种因素,针对这些影响因素由主及次进行考量,从而及时对待解决的问题提出有效的建议。

熵值法作为一种客观赋权法,具有很强的应用性,可以用于各个指标赋权,与其他方法相组合来使用,也可以独立地进行多目标决策、分析与评价,计算过程简洁明了,数据处理速度快。但是熵值分析法不能降低原始指标的维数,不能剔除各个指标间的相互影响,对于原始数据的要求更为严格,指标质量的高低对最终的研究结果具有很大的影响。指标选取的过程同样掺杂研究人员的主观要素,为保证评价结果的可靠性,指标选择时要尽量选取相对指标,或者与其他评价方法相配合。

第五节 生态足迹模型在土地流转意愿与行为分析中的应用

生态足迹法是加拿大生态经济学家 Rees 教授于 1992 年提出的,1996年其博士生 Wackernagel 对生态足迹法的理论和方法进行了完善。生态足迹法常常用来计算一个地区的资源可持续利用情况,为经济发展提供切实可行的建议。

一、生态足迹法的基本原理

生态足迹法的计算过程大体可以分为三个步骤:第一是生态需求账户的计算,即生态足迹;第二是生态供给账户的计算,即生态承载力;第三是用生态承载力和生态足迹的差值来反映生态盈亏①。人类在漫长的历史发展

---

① 周涛、王云鹏、龚健周等:《生态足迹的模型修正与方法改进》,《生态学报》2015 年第14 期。

过程中,对自然资源的消耗以及在此过程中生态系统对人类活动产生的废弃物的吸收,都可以通过一定的转换因子转换成生态生产性面积,该生态生产性面积就是人类在发展过程中的生态足迹。生态承载力反映的是地球在某一定时期所能够提供的为容纳人类活动的生态生产性面积,当生态承载力>生态足迹,生态系统处于生态盈余状态;当生态承载力<生态足迹,生态系统就会处于生态赤字的状态,这种情况下很容易透支当地资源,破坏生态系统的自我修复能力,加剧生态环境的脆弱性,最终危及整个人类社会和生态系统的可持续发展。

生态足迹法的计算,有六个基本的前提:一是人类能够确定在社会经济运行过程中自身消耗的绝大多数物质和废弃物的数量;二是通过一定的转换因子,消耗的物质和废弃物能够用生态生产性土地面积来表示[1];三是不同类别的生产能力的土地都可以用面积单位(标准公顷)来表示;四是每种生态生产性土地的作用是单一的,不同类别间的生态的生产性土地在功能上是相互独立的,这些土地的生产面积总和共同构成了该地区人类的消费需求;五是生态系统对人类提供物品的能力也能够转化为生态生产性土地的面积,用面积单位来表示提供物品能力的高低;六是在生态足迹的计算中生态足迹的值可以大于生态承载力的值[2]。

生态足迹法将地球表面的区域分为两个账户(资源账户和能源账户),两个账户下共包含六种生态生产性土地。其中资源账户包括:耕地、水域、草地、林地;能源账户包括:建筑用地和化石燃料用地。资源账户包含的生态生产性土地为人类提供了各种可供消费的物质资源,能源账户提供的是各种化石燃料能源资源。

---

① 徐中民、张志强、程国栋:《甘肃省 1998 年生态足迹计算与分析》,《地理学报》2000 年第 5 期。

② 袁平:《基于生态足迹模型的县级区域可持续发展评价》,中国农业科学院 2005 年硕士学位论文。

二、生态足迹法的计算过程

（一）计算均衡因子和产量因子

计算生态足迹和生态承载力的过程中需要将各种资源能源消耗量转化为生态生产性土地面积，在这个过程中，会使用到均衡因子和产量因子这两个概念。均衡因子的作用是调整不同生态生产性土地的权重，使不同类型的生态生产性土地面积可以进行相加，是进行等量化处理中必不可少的一项内容[1]。均衡因子的计算公式可以表示为：

$$均衡因子 = \frac{某类生物生产性土地的单位面积生物产量}{具有世界平均生产力的生物生产性土地的单位面积生物产量}$$

但是在实际的计算中，均衡因子会受到很多因素的综合影响，技术的进步、生产效率的提升、管理水平的不同、环境的污染情况、土地的质量情况都会导致土地的生产力发生变化，其与世界平均生产力之比也会发生变化，从而导致均衡因子很可能处于不断变化中。均衡因子会随着研究区域的变化、年份的变化而计算出不同的数值。自生态足迹法问世以来，很多学者对于均衡因子的取值做了大量的研究。

由于全球各地区自然气候存在显著差异，一个地区的某种类型的生态生产性土地的生产能力同其他地区相比也存在显著的差异。产量因子可以用来测度不同国家或地区某类土地的平均生产力，从而进行分析和比较。

$$产量因子 = \frac{某个国家或地区某类土地的平均生产力}{世界同类土地的平均生产力}$$

---

① 王大庆：《黑龙江省生态足迹与生态安全分析及其可持续发展对策》，东北农业大学2008年博士学位论文。

（二）计算生态足迹和生态承载力①②

在以上理论和概念的基础上就可以进行生态足迹和生态承载力以及生态盈余的计算。其中生态足迹的计算公式为：

$$EF = N \cdot ef = N \sum aa_i \cdot r_j = N \cdot r_j \cdot \sum c_i / p_i$$

此式中：EF 为研究地区总的生态足迹；N 为该地区的总人口数，ef 为人均生态足迹；aa_i 为人均第 i 种消费商品折算的生态生产性面积，i 为消费商品投入的类型，r_j 为均衡因子；c_i 为第 i 种商品的人均年消费量，p_i 为生产第 i 项消费商品的生态生产性土地的年平均生产力。

生态承载力的计算公式为：

$$EC = N \cdot ec = N \cdot \sum a_j \cdot r_j \cdot y_j (j = 1,2,3,4,5,6)$$

式中，EC 为该地区总的生态承载力，N 为该地区总的人口数，ec 为人均生态承载力，a_j 为人均占有第 j 类生物生产性土地的面积，r_j 为均衡因子，y_j 为产量因子。需要注意的是在计算生态承载力时，需要留出一部分生态生产性土地面积用于维护生物多样性。国际上常用的维护生物多样性的承载力比例为 12%。

（三）计算生态盈亏

计算出生态足迹和生态承载力以后，就可以计算该地区生态系统水平总的盈亏，如果生态承载力大于生态足迹，那么所研究的地区就处于生态盈余状态，资源环境能够满足当下的生产生活需求；相反，如果生态承载力小于生态足迹，那么资源环境在当下的生产中就是不持续发展的，就需要调整

---

① 张舜尧、王铮、李丹等：《陕西关中地区生态足迹动态分析及生态安全评价》，《西安科技大学学报》2011 年第 1 期。

② 朱莹、秦红梅：《基于生态足迹模型的扬州市可持续发展能力分析》，《扬州教育学院学报》2017 年第 4 期。

当地现有的生产生活方式。

（四）计算区域生态效率

在传统生态足迹理论的基础上，学者们又进行了深入的研究和探索。在现在的社会发展中人们不仅仅关注经济的发展还关心生态环境的利用情况，生态足迹法虽然可以反映人们在生产生活过程中对于生态环境的利用情况，但是该方法并不能将生态环境的利用情况和经济的发展程度结合在一起。因此在计算完生态足迹后，引入生态效率，连接经济目标和环境目标，在区域研究中引入区域生态效率。

生态效率的概念最早由德国学者 Schaltegger 和 Sturn 于 1990 年提出，后期世界可持续发展工商业委员会（WBXCSD，1991）、世界经济合作与发展组织（OECD，1998）对其概念进行了补充和完善，生态效率从一种商业概念延伸到其他组织机构，比如政府、工业企业。生态效率反映了生态系统满足人类需求的效率，它可以被认为产出和投入的比值：产出指的是研究目标所提供的产品和服务的价值；投入指的是研究目标在生产过程中对环境造成的生态压力。生态效率在生态系统和经济发展过程中建立了一种连接，可以反映出经济系统在生态系统基础上的一种生产效率，从而能够同一时间兼顾生态环境和经济发展。

在生态足迹法的基础上计算生态效率，可以将生态效率定义为：[①]

$$生态效率 = \frac{产品或服务价值}{资源消耗与环境影响}$$

其中由于资源消耗与环境影响有很多种的计算口径，计算口径的不同会导致在不同的方法下计算的生态效率存在误差，本文中为了计算几个城市的生态效率使用的是在生态足迹方法计算的生态效率，进一步参考季丹

---

① 季丹：《中国区域生态效率评价——基于生态足迹方法》，《当代经济管理》2013 年第 2 期。

(2013)的研究,具体的计算公式为:

$$区域生态效率 = \frac{区域\,GDP}{区域生态足迹} = \frac{区域人均\,GDP}{区域人均生态足迹}$$

该公式中,区域生产总值也就是区域 GDP 表示区域在一定时间内产品或服务价值,区域人均 GDP 指的是一个地方在核算期内地方生产总值与该地方常住人口或户籍人口的比值,是人民生活水平的一个衡量标准。区域人均生态足迹反映生态系统内一个单位个体(人)在日常行为中对于生态系统的占用情况。生态效率可以解释为生态系统提供的物质满足人类需求的效率,如果生态效率高就说明一个地区的生态环境利用率比较高,如果生态效率低说明该区域的生态系统利用率有待提高,需要人们继续开发新的发展技术提高资源的利用率。在生态效率的计算中,既用到了生态足迹法的生态足迹指标,也用到了经济指标中的人均生产总值指标。生态效率指标是把宏观经济中的发展目标加入资源环境的保护中,为推进经济发展和环境保护之间的均衡发展提供一个良好的参考。

三、生态足迹模型在本书中的应用

生态足迹法通过生态生产性土地的概念将生态系统的资源消耗量和储量进行量化研究,并提供了一个可以在全球范围内进行比较判断的尺度,大到国家,小到个人,都可以通过生态足迹的方式进行量化比较,适用范围广泛,具有很强的逻辑性和严谨性。它的出现填补了在度量区域可持续发展程度研究方面的空白,计算方式简单,便于开展持续化的长期监测研究。模型中没有考虑人类活动造成的污染对生态系统稳定性的影响,而且也忽视了技术进步对生态修复的促进作用,模型假设不同类型的生态生产性土地只具有单一的功能,也存在一定的局限。总的来说,生态足迹法仍不失为一种有效研究区域可持续发展的工具。

本书第七章运用生态足迹模型对研究区域的九个地级市土地的生态承载和生态盈余状况进行了测量,并通过计算各区域生态效率探寻土地资源利用中各区域的使用效率,从而为规范有序推进土地流转中的流转租金和生态补偿标准提供科学参考。

第六节 承载力与土地流转意愿、行为的相关分析

一、相关分析的基本原理

在数据处理中,将探索数据间是否存在相关性以及相关程度大小的过程称为相关分析。相关分析的应用领域非常广泛,无论是医疗、教育、农业生产、经济管理领域都可以使用该方法研究不同变量之间存在的相互关系。

变量之间存在的不确定、不稳定的变化关系称为相关关系,而度量随机变量之间存在的这种线性相关程度的值称为相关系数,一般用 ρ 或 r 来表示。

如果给定自变量 X ,随机变量 Y 对于给定的 X 值具有不确定性。两个变量之间的联合分布是二维正态分布,则随机变量 X 和 Y 之间的总体相关系数 ρ_{XY} 可以定义为:

$$\rho_{XY} = \frac{Cov(X,Y)}{\sqrt{Var(X)}\sqrt{Var(Y)}}$$

如果变量 X 和变量 Y 的 n 次独立观测值为 (X_1,Y_1) , (X_2,Y_2) , (X_3, Y_3) …… (X_n,Y_n) ,则可以将样本估计的总体相关系数定义为:

$$r = \frac{\sum_1^n (x_i - \bar{x})(y_i - \bar{y})}{\sqrt{\sum_1^n (x_i - \bar{x})}\sqrt{\sum_1^n (y_i - \bar{y})}}, i = 1,2…,n; y = 1,2…,n$$

其中 $\bar{x}$、$\bar{y}$ 分别表示 x_i、y_i 的总平均数。

可以证明,相关系数 r 为总体相关系数 ρ 的最大似然估计量。

两个变量之间的相关系数 r 具有以下几个特点:

1. 相关系数的范围:$-1 \leqslant r \leqslant 1$,相关系数的绝对值越接近于 1,变量之间的线性关系越强。

2. 相关系数的符号表示相关的方向,负号表示变量之间是呈负相关关系,正号表示变量之间是呈正相关关系。

3. 相关系数等于 0 表示变量之间不存在线性相关关系;相关系数等于 1 表示变量之间具有完全的线性相关关系。

对于相关系数范围的划分,常见的划分范围为:当相关系数绝对值在 0 到 0.3 之间时,变量之间的相关程度极弱,可视为不相关;当相关系数的绝对值在 0.3 到 0.5 之间时,变量间可视为低度相关;当相关系数绝对值在 0.5 到 0.8 之间时,变量之间可视为中等程度相关;当相关系数的绝对值在 0.8 到 1 之间时,变量之间可视为高度相关。在实际应用中常常依据相关系数的取值大小,来判断不同变量之间存在何种程度的相关关系。

二、相关分析在本书中的应用

相关分析法是一种常用的判断不同事物、现象间相互联系紧密程度的方法,在定性分析的基础上进行定量研究,计算过程严谨,在各个领域的研究中都具有很强的适用性。生态承载力和生态补偿分析不仅可以为核算土地流转租金提供参考,提升社会对土地资源价值和土地生态保护的认识,还有助于分析影响土地流转意愿和行为的各个因素。本书在第六章中,不仅在主观上阐述了生态承载力和生态补偿分析对土地流转意愿和土地流转行为的影响,还运用数据在实证角度,使用 SPSS 分析软件中相关分析的双变量方法,计算土地综合承载力得分与土地流转意愿比例、土地流转行为比例之间的相关系数,并通过显著性水平检验来判断这些变量之间是否存在相关关系,由此判断土地综合承载力状况及生态环境状况与该地区的土地流转意愿之间的相关关系。

第三章　研究区域概况与调研数据分析

影响土地流转的因素众多,其中所处区域的自然条件、地理位置、农村经济发展状况以及农业产业化经营状况等是影响土地流转的重要区位因素。截至 2018 年底,通过土地集体所有权、农户承包权、土地经营权"三权分置",河北省土地流转面积达 2983 万亩,占家庭承包经营耕地总面积的 35.7%,比 2017 年底增长 2.7 个百分点,全省完善土地承包合同 1193 万份,建立土地承包经营权登记簿 1188 万份,分别占应确权农户总数的 98.5%、98.2%①。本书以河北省为例,通过深入农村调研,掌握目前农村土地流转中农户的意愿、行为与诉求状况,希望能够为全国其他地区农村土地流转提供参考和借鉴。土地流转意愿与土地流转行为占比的差值反映了意愿与行为的不一致程度,二者差值比较大时,说明该地区还有很大的土地流转推进空间。

本章首先介绍了研究区域的地理位置、农村的经济发展状况、产业化经营状况以及气候条件。其次对贫困山区县农村土地流转与土地承包权益调查、白洋淀流域资源环境与生态保护调研、河北省资源环境现状调研三次调研方案以及问卷内容进行了介绍,对调研数据进行了说明,并详细描述了三

---

① 《农业适度规模经营稳步提升 我省土地流转面积达 2983 万亩》,河北新闻网,http://hbrb.hebnews.cn/pc/paper/c/201901/18/c118795.html。

次调研区域以及样本的分布状况。最后,根据问卷数据分别对三次调研不同区域、不同地形的农户流转行为和流转意愿进行了分析,并将三次调研的分析结果进行对比。

第一节　研究区域概况

一、研究区域地理位置

河北省位于华北平原北部,北依燕山,西靠太行,东临渤海,环抱京津,与辽宁、内蒙古、山西、河南、山东等地接壤,是连接关内外的咽喉之地。河北省地处温带大陆性季风气候区域,四季分明,夏季多雨,农业发展多以种植业为主。

根据 2018 年《河北经济年鉴》,河北省下属石家庄、唐山、秦皇岛、邯郸、保定等 11 市,省会设在石家庄。截止到 2017 年底,全省共有 168 个县级区划,其中 47 个市辖区,20 个县级市,101 个县,共设村民委员会 48671 个。通过河北省 2018 年国民经济和社会发展统计公报得到的数据,河北省年末常住总人口 7556.3 万人,较上年末增加 36.78 万人。全省生产总值实现 36010.3 亿元,同比增长 6.6%,全省人均地区生产总值为 47772 元,同比增长 6.0%。

河北省地形呈逐步下降的阶梯形走势,从西北部的坝上高原到中部的华北平原,包含了山地、湖泊、洼地等地形地貌。根据《2018 年河北经济年鉴》相关数据可知,河北省内主要以山地、平原为主,山地面积占全省地表总面积的 37.4%,平原面积占全省地表总面积的 30.49%,二者的面积共占河北省总面积的 68% 左右。广阔的山地和平原面积,决定了河北省的农业发展模式主要以种植业和畜牧业为主。在不同的地形中土地流转存在着较大差异,平原地区水源较为充足,且适合大规模的机械化生产;山地地区农业用水短缺,且其复杂的地形限制了农业进行大规模机械化生产,因此平原地区进行土地流转、规模经营的效率要高于山地地区,难度要小于山地地区。河北省幅员广阔,自然村数众多,土地流转空间差异较大,在土地流转过程中需根据地方实际情况,因地制宜。

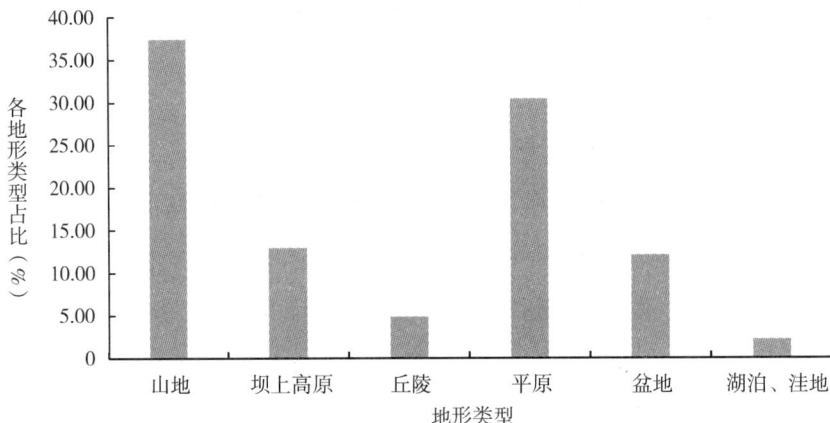

图 3-1　河北省地表总面积构成

* 根据 2018 年《河北经济年鉴》数据整理制作。

二、农村经济发展状况

(一)河北省农村人口及人均可支配收入情况

图 3-2 展示了 2009—2017 年河北省农村人口的变化情况,除 2010 年人口数量出现了小幅度增长外,其余年份河北省农村人口数量均呈现负增长的趋势。河北省近些年来人口的变化趋势与城镇化率的不断提高和农村人口生育观念的转换有着密切的关系。随着第二产业、第三产业的发展和城镇化的快速推进,大量的农村剩余劳动力流入城市,导致农村劳动力不断减少并出现老龄化趋势。开展农村土地流转已成为提高土地资源使用效率的重要途径,促进农村土地流转,发展适度规模经营,对土地资源进行整合

和利用,有助于农业生产率的提高。

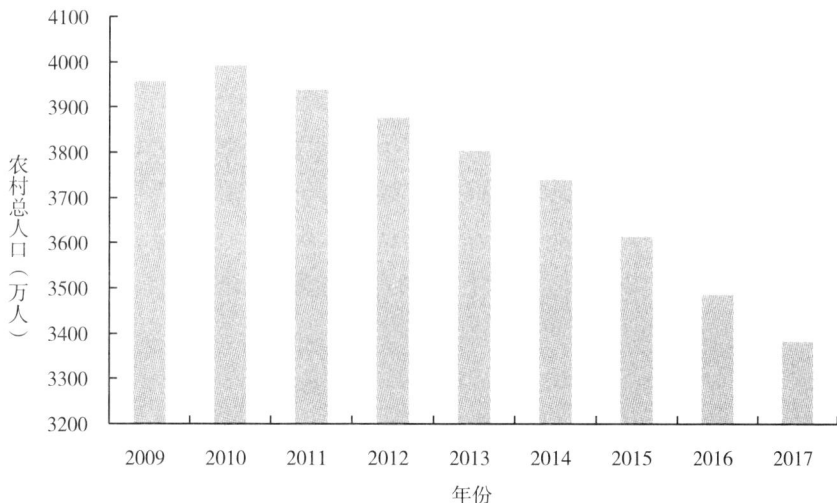

图 3-2　河北省 2009—2017 年农村总人口变化情况

* 根据 2010—2018 年《河北省农村经济统计年鉴》数据整理制作。

图 3-3 展示了 2007—2017 年间河北省农村居民可支配收入的变化情况,河北省农村居民可支配收入在 2008—2017 年迅速增长,由 2008 年的 4795.46 元增长到 2017 年的 12880.94 元,近十年间人均可支配收入增长了 2.69 倍,年均可支配收入增长率为 16.86%。随着社会的发展,农村种植业的收入不再是家庭总收入的唯一来源。

(二)农林牧渔业总产值构成状况

据《2018 年河北经济年鉴》,河北省的农村经济主要以农业为主,其产值占到农林牧渔业总产值的一半以上,农业的生产主要集中在河北省东南部的华北平原地区。牧业所占比重也比较大,其产值占总产值的 32% 左右,牧业的发展主要集中在河北省西北部的坝上高原以及燕山山脉地区,而林业、渔业以及服务业的占比较小,分别为 2.17%、3.47% 和 5.62%。

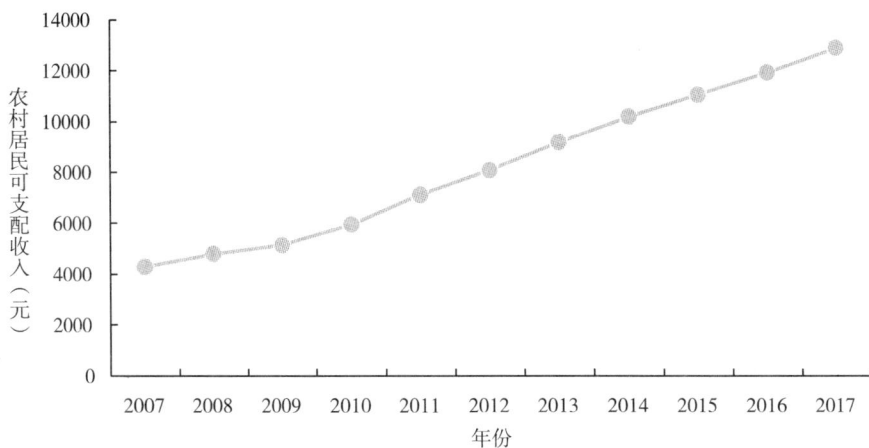

图 3-3 河北省 2007—2017 年农村居民可支配收入

* 根据 2009—2018 年《河北省农村经济统计年鉴》数据整理制作。

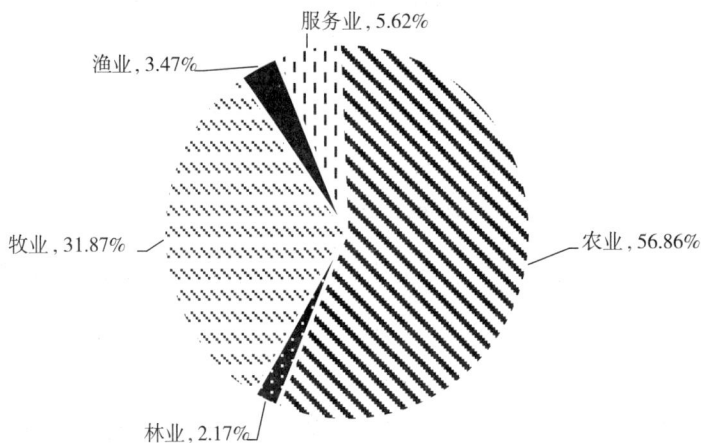

图 3-4 农林牧渔业总产值构成

* 根据 2018 年《河北省农村经济统计年鉴》数据整理制作。

（三）主要农作物种植概况

如图 3-5 所示，2008—2017 年河北省主要农作物为玉米和小麦。十年间,相较于其他农作物的种植,玉米是河北省农作物种植最主要的组成部分,种植面积一直位于全省第一,种植面积在 3000 千亩上下浮动。小麦的种植面积仅低于玉米的种植面积,年均种植面积约为 2417 千亩,但近些年来种植面积呈轻微下降的趋势。而棉花、花生、大豆等农作物的种植面积都在 700 千亩以下,且种植面积有所下降。

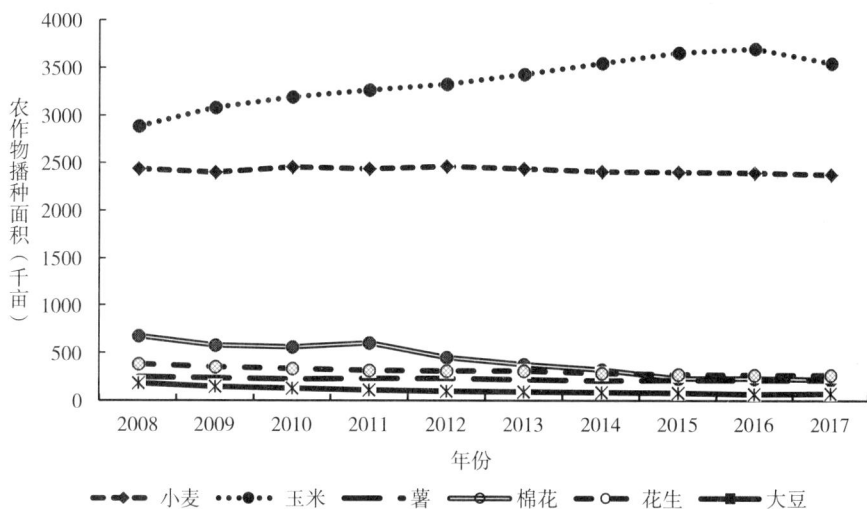

图 3-5　河北省 2008—2017 年主要农作物播种面积

* 根据 2009—2018 年《河北省农村经济统计年鉴》数据整理制作。

玉米和小麦栽培和管理方式相对简单,适合大规模的机械化经营。因此,根据河北省种植业的分布状况和农村发展的现实情况,河北省在土地流转方面具有较大的发展空间和良好的发展前景。

三、农村产业化经营状况

图 3-6 显示了河北省 2008—2017 年农业产业经营总量以及产业化率情况。近十年来,河北省农业产业化经营总量整体上呈不断增长趋势,2008

年的产业化经营总量最低,2015 年的产业化经营总量最高,二者分别为2996 亿元和6935 亿元,八年间整体增长了 125.1%。产业化率虽然整体上呈不断上升的变化趋势,但是其变化幅度与产业化经营总量相比较小,十年间的整体增长幅度仅为 11.1%。表明河北省的农村产业化经营得到了快速发展,不断提升的产业化率改善了农业生产。与此同时,产业化经营程度的不断加深,将会给农村土地流转以及适度规模化经营打下坚实的基础。

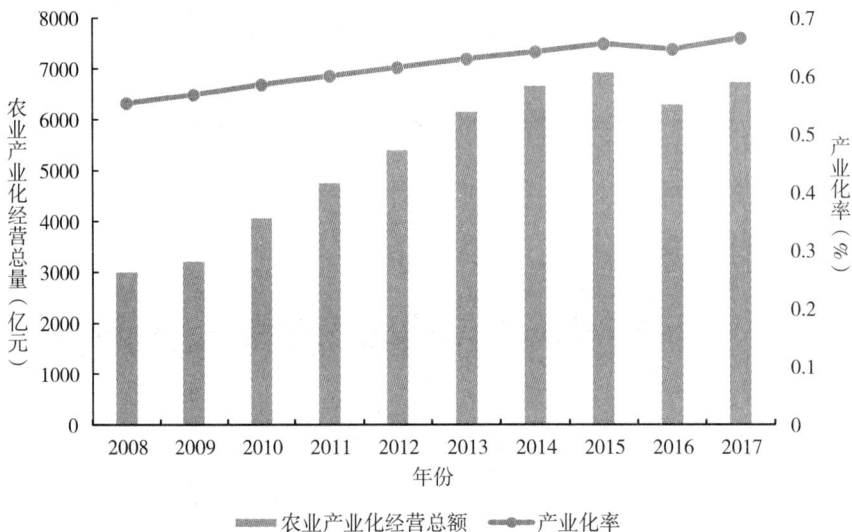

图 3-6 河北省 2008—2017 年农业产业化经营总量及产业化率

* 根据 2009—2018 年《河北省农村经济统计年鉴》数据整理制作。

虽然近些年来河北省农业产业化经营总量和产业化率都在不断上升,但与东北地区以及其他农业发达省份的差距仍然较大。其原因主要在于农业生产主要是以家庭生产为主,大规模的机械化生产占比相对较低。因此,进一步提高河北省农业产业化经营总量和产业化率,必须加强农村土地规模化生产程度,而推动农村土地流转,集中经营是一条直接且有效的路径。

四、气候状况

河北省地处 36°01′N 至 42°37′N 之间,其典型的气候类型为暖温带大陆性气候。如图 3-7 所示,在 2008—2017 年河北省的年降水量以及年均温度变化明显,2016 年的年降水量最高,2014 年的最低,分别为 608.9 毫米和 393.3 毫米,二者相差 215.6 毫米;2014 年的年均温度最高,2010 年的最低,分别为 13 摄氏度和 10.85 摄氏度,二者相差 2.15 摄氏度。通过以上分析可知,近些年来河北省的气候多变,对农业发展产生了一定的影响。

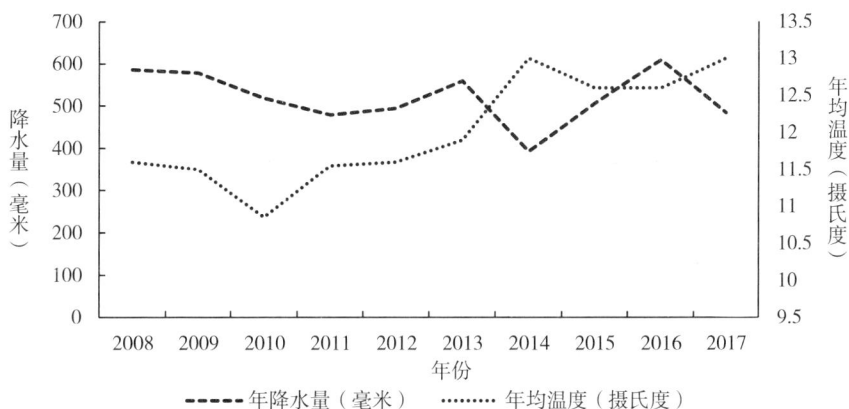

图 3-7 河北省 2008—2017 年气候变化

* 根据 2009—2018 年《河北经济统计年鉴》数据整理制作。

河北省的水资源短缺,且以家庭为单位发展现代节水农业的成本较高。因此,进行土地流转,推进适度规模经营,有助于大大降低发展现代节水农业的建设成本,推进规模效益。

五、河北省湿地状况

河北省湿地类型多样,分布广泛,沿海、平原、山地、高原都有湿地的分布,主要分布在秦皇岛、唐山、沧州、张家口、承德、衡水等地,面积共计

328311.6公顷。湿地作为全球三大生态系统之一,不仅为区域的饮用水、动植物的栖息地提供了重要的保障,促进了生态的多样性和人与自然的和谐发展,而且具有重要的经济价值。因此,推进退耕还湿、促进生态用地流转具有重要意义。

第二节　调研数据来源

本书对农户土地流转意愿、行为影响因素分析的数据来源为2016—2019年本课题组组织的三次大型社会调研,分别是2016年开展的贫困山区县农村土地流转与土地承包权益调查、2017年开展的白洋淀流域资源环境和生态保护调研以及2018、2019年开展的河北省资源环境现状调研。课题组深入走访河北省农村地区,了解农户、基层涉农干部对土地流转的认识与态度,为加快推进农村土地流转以及生态环境保护研究提供直接数据来源。

一、贫困山区县农村土地流转与土地承包权益调查

2016年开展的省级以上贫困山区县农村土地流转与土地承包权益调查共包括河北省8个地级市34个县(市区),累计调查问卷809份,调研区域如表3-1所示。此次调研队伍由2个工作队伍、100多名学生调查员组成。每位调查员负责2—4个村,每个村下发问卷5份左右,其调查对象为本村居民、村干部以及精准扶贫工作组的部分成员。此次调研的抽样采取概率抽样和非概率抽样相结合的方法,主要包含的方法有简单随机抽样、分层抽样以及判断抽样。同时,调研组于2016年暑期成立了两个典型调查小

组,分别为邢台市新河县调查小组和保定市阜平县调查小组,主要深入调研农村土地流转以及在土地流转过程中涉及的农业发展问题,分析了土地流转过程中农户土地流转意愿与诉求。

表 3-1　调查样本区域分布情况

地区	县(市/区)
石家庄市	行唐县、灵寿县、平山县、赞皇县
秦皇岛市	青龙满族自治县
邢台市	广宗县、巨鹿县、临城县、平乡县、威县、新河县
保定市	阜平县、顺平县、唐县、易县
张家口市	赤城县、沽源县、怀安县、崇礼区、尚义县、蔚县、阳原县、张北县
承德市	丰宁满族自治县、隆化县、平泉市、围场满族蒙古族自治县
沧州市	海兴县、南皮县、盐山县
衡水市	阜城县、饶阳县、武强县、武邑县

＊根据调查问卷相关问题整理制作。

为了保证调查对象选取的代表性,问卷设计充分考虑调研对象的年龄、文化程度、家庭人口、收入来源等因素。此次调查得到了农村地区土地流转意愿与行为的第一手资料,为本课题组的研究提供数据支撑。

本次调研为了保证数据的科学性和合理性,根据各地区的贫困地区数量、区域范围、农村土地经营现状等因素确定调研样本数量。如图 3-8 所示,各市之间的调研样本数量虽然存在一定的差距,其中张家口市的调研样本数量最多,秦皇岛市的数量最少,符合调研区域现状。由于张家口市经济发展水平较低,贫困地区较多,调研样本数量较多,而秦皇岛市贫困地区较少,调研样本数量也相对较少。

二、白洋淀流域资源环境与生态保护调研

2017 年开展的关于白洋淀流域资源环境与生态保护调研共包括安国、

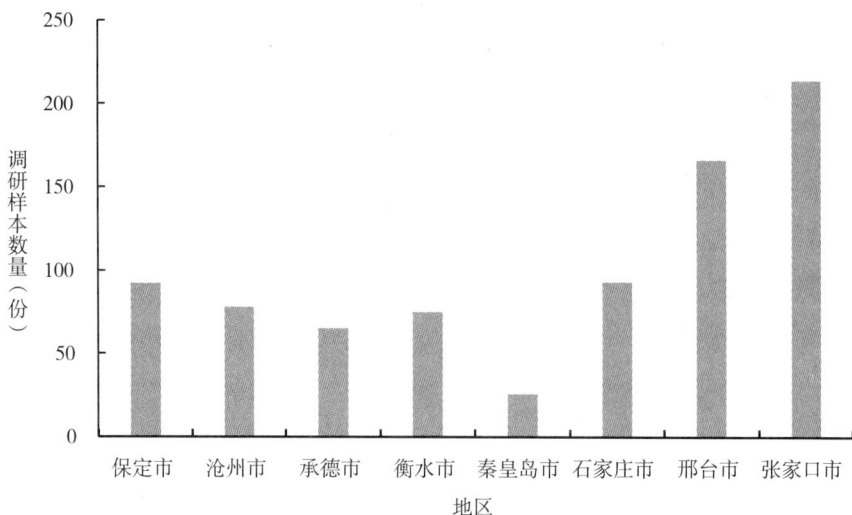

图 3-8 调查样本区域分布情况

＊根据调查问卷相关问题整理制作。

定州、涿州、高阳、曲阳等 23 个县市,涉及近 400 个村,共收集问卷 1948 份。此次调研队伍由近 100 名调查员组成,分为 4 个调查组,调研对象为白洋淀流域村民,调研内容涉及土地流转、生态环境保护等。此次调研采用问卷调研和访谈调研相结合,选定调研村庄时为了增加样本的代表性,采取概率抽样方法,首先运用地理信息技术在地图上标注出流域内 24 个县市区的 1000 余个村庄,然后采用简单随机抽样的方法选取最终的调研样本。

此次调研充分考虑各县市在白洋淀流域的面积以及村数量、调研对象的性别、职业、文化以及收入等因素,以保证调研对象的广泛性和代表性。此次调查使本课题组对白洋淀地区的生态环境现状,尤其是土地流转现状、土地流转意愿有了进一步的认识。

本次调查基本覆盖白洋淀所有流域,其结果具有很强的代表性。通过此次调研,为本课题的研究提供了充分、可靠的数据支持,并根据相关数据

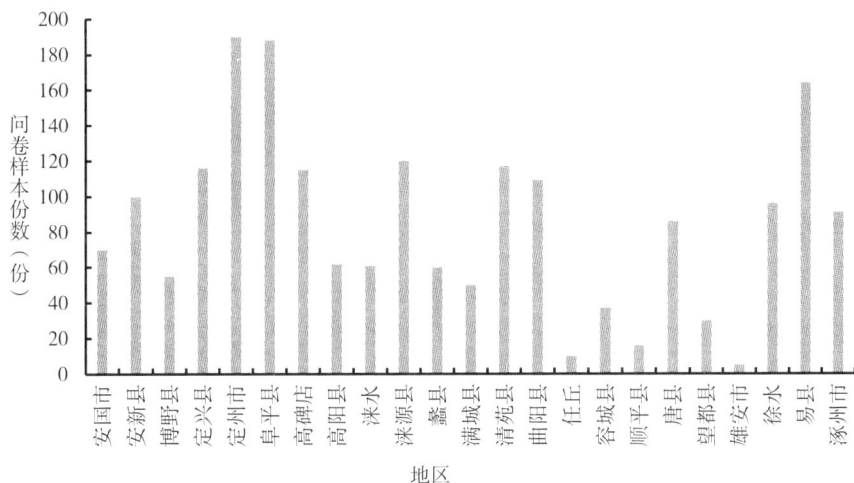

图 3-9 调查问卷区域分布情况

* 根据调查问卷相关问题整理制作。

整理出村民在资源环境保护中所存在的问题,并提出相关的对策及建议。

三、河北省资源环境现状调研

2018 年和 2019 年开展的河北省资源环境现状调研基本覆盖河北省省级重要湿地范围内的市县,既包含经济发达地区,也包括经济欠发达地区,且所调研的湿地类型广泛,包括近海与海岸湿地、河流湿地、湖泊湿地、沼泽湿地等,调查地点具有代表性。

调研队伍分为两个大组,每组又分为若干小队,分赴河北省省级重要湿地范围内的村进行调研,调研对象包括村民、渔民以及村干部。此次调研抽样采取概率抽样和非概率抽样相结合的方法。经过后期对调查问卷的筛选和整理,共得到 844 份问卷,调研范围涉及秦皇岛、唐山、张家口、保定、邢台、衡水六市下的 7 个区和 15 个县。

表 3-2 调查区域分布情况

地区	县（市/区）
唐山	曹妃甸区、丰南区、乐亭县、滦南县
秦皇岛	北戴河区、昌黎县、抚宁区、海港区
沧州	海兴县、黄骅市、青县
保定	安新县、高阳县、容城县、雄县
张家口	沽源县、康保县、尚义县、张北县
衡水	冀州区、桃城区
承德	围场满族蒙古族自治县

*根据调查问卷相关问题整理制作。

此次调研样本数量及分布如图 3-10 所示：

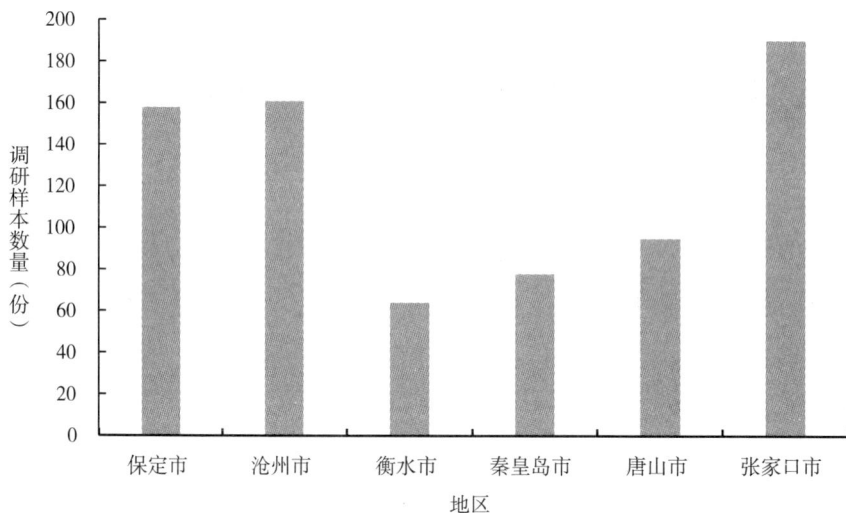

图 3-10 调查问卷样本分布情况

*根据调查问卷相关问题整理制作。

综上所述，三次社会调查在课题组统一组织下进行，严格要求调查问卷的信度和效度以及数据质量监控，累计获得调查问卷 3601 份。在调研期间严格监控数据质量,要求调查员详细填写调查对象的详细信息,包括所属村、职业、年龄等,并对问卷进行编号,对调研地点进行拍照。在调研后期,严格把控调查问卷的筛选,剔除内容不完善、信息不详细的问卷,以保证问卷的有效性。

第三节　调研执行及问卷主要内容

一、调研方案

（一）调研前期准备

1. 调查问卷的撰写。调查问卷由课题组设计,由课题组和河北省生态与环境发展研究中心、河北大学资源利用与环境保护研究中心组织力量进行讨论、修改,经3—5轮讨论修订后定稿,调查问卷充分考虑到调研主体和调研区域的特征,如:年龄、收入、地形以及村庄类别,等等。问卷撰写完毕后,进行问卷的信度和效度测试,最大限度地保证题目的代表性和合适性,提高问卷测度结果与期望目标的吻合度。

2. 调研人员的选定及培训。三次社会调研统一组织调查员的筛选,选取成绩优异、个人品德优秀、积极参与社会实践的本科生和研究生,以保证调研的效率以及调研结果的真实性。并由河北省生态与环境发展研究中心、河北大学资源利用与环境保护研究中心老师担任领队。调研人员选定和分组完毕后,进行统一培训,主要包括调研过程中的安全培训、调研的基本方法与技巧培训、调研问卷中涉及专业知识的培训以及专业工具的使用,如在2018年和2019年开展的河北省资源环境状况的社会调研中涉及使用到GPS测距仪。

3. 制订调研计划。调研计划主要包括调研区域的选择和调研工作时间安排。在选择调研区域时根据具体情况确定所需调研的市县,并根据随机抽样的方法在各个市县中选取部分村进行调研。三次调研本着目的性、可行性和科学性的原则,主要采用概率抽样的方法。在确定所需调研的村庄后进行具体的时间安排,主要包括调研的先后顺序以及调研的周期,以保证调研的顺利完成。

(二)实地调研阶段

根据前期所选的调研区域以及调研时间安排,以由近到远的原则进行实地调研。在实地调研的过程中,主要选取本村村民以及村干部作为调研样本,并考虑调研样本的年龄、职业等方面的合理性。

(三)调研后期

实地调研结束之后,对所有调查问卷进行统一收缴,并组织人员对调查问卷进行整理和分析。由工作人员对调查问卷进行统一检查和筛选,剔除内容缺失以及信息不完整的调查问卷。调查问卷筛选结束后统一录入 Excel 电子表格,并进行数据分析和整理,为后期的研究提供数据支撑。

二、问卷质量控制

为了确保调研问卷的真实性和可靠性,三次调研在调研前期对调研员的抽选进行严格把控、系统培训,以保证调查人员的专业性,进一步提高调研问卷的质量。

1. 选拔与调研内容相关专业的骨干教师作为调研的团队负责人和指导教师。团队负责人对问卷内容进行详细解读,对相关概念进行界定,以确保调研人员准确理解调查内容和调查问卷。针对调查问卷,对每一项调查的概念范围都进行了严格的界定,且多数采用了定量化的方式。

2. 调查员负责对所填问卷进行自查,调查指导员负责审核调查问卷问题。例如,问卷存在前后不一致或者自相矛盾的回答,这样的问卷界定为无效问卷。例如,在调查家庭收入时,发现家庭收入小于其中一种收入来源,这种回答意味着可能是存在盲答的问题,需要将问卷进行排除。

3. 课题组加强对调查过程的督导,邀请专业的指导老师进行现场指导并随机抽查调查问卷,由指导老师对回收问卷的有效性进行甄别。

三、调研问卷主要内容

（一）贫困山区县农村土地流转与土地承包权益调查问卷描述

通过本次社会调查,对所得数据进行实证分析,深入了解生态承载视域下河北省农村地区土地流转的现状,发现和挖掘制约土地流转和农民权益保护的因素,为制定合理的土地流转政策,构建共同的利益驱动机制,最大限度保护农民承包权益,引导土地流转,发展农业适度规模经营,为河北省农村土地流转提供政策依据和方法支撑。

问卷主要分为五个部分,并以选择题的形式为主。第一部分主要了解调查区域以及调查对象的基本情况。主要包括受访地址以及该地区是否有帮扶工作组;该村庄的主要地形以及距最近县城的距离;受访对象的性别、年龄、文化程度、家庭总收入与种田收入;家里的人口总数以及成员情况;家中实际土地、流出土地、流入土地的面积等。

第二部分主要涉及村民的生活状况以及村里的建设情况。主要包括该村外出打工人员所占总人口的比例;制约该村经济发展的主要因素以及土地转包、出租、入股对家庭收入的影响情况;村里面缺少哪些基本公共设施以及近些年来村里面出现了哪些重大变化;近些年来受访对象是否在副业方面进行投入或投出;村里面有哪些致富典型主体等。

第三部分主要涉及村民是否愿意流转土地以及对土地流转的要求。主要包括是否愿意进行土地流转,实现农地集中经营及其原因;村里是否已有流转土地及其流转形式;访者对土地所有权、土地确权以及土地政策的了解;土地确权、拿到土地证对受访者有何用途;对土地整理、"增减挂钩"政策是否了解;如若愿意土地流转,对土地流转时间、租金的要求以及流转之后将有何种计划;受访人对提高土地用途的个人看法等。

第四部分主要核心是村民在土地流转过程中的个人建议与看法。主要包括在土地流转、引导适度规模经营中,当地政府该如何做以及农民最需要政府的何种帮助和支持;受访者对政府足额收购承包土地和宅基地,安排城镇居住和户籍,并参加相应的社会保障的看法等。

第五部分主要针对种粮大户等规模经营实体的调研。主要包括政府是否对种植、养殖大户进行补贴以及是否有公司或个人来村承包土地;村中最大的承包土地户的承包面积以及以何种方式承包;将土地承租出去的村民是否签署合同以及签署合同的对象;在租期之内的租金或分红如何计算以及租户承包土地后用于何种用途;在土地流转和精准扶贫中受访对象的最大期望是什么等。

(二)白洋淀流域资源环境与生态保护调研问卷描述

白洋淀位于保定市,具有"华北之肾"的美誉,在涵养水源、调节气候、维护生物多样性等方面具有重要的生态价值。近些年来,白洋淀湿地面积整体呈减少的趋势,湿地景观趋于破碎、复杂、异质,①并且通过实地调研发现流域内存在较大的污染及水体富营养化等问题。因此,对白洋淀流域进行资源环境和生态保护调研,对白洋淀流域的生态环境保护以及推动土地流转具有重要意义。调查问卷以选择题为主,并根据不同内容分为四个模块。

第一部分主要是受访地区和受访对象基本信息。包括受访地区以及该

---

① 朱金峰、周艺等:《1975—2018 年白洋淀湿地变化分析》,《遥感学报》2019 年第 5 期。

地区的类别、地形、有无较大的河流;受访对象的性别、年龄、文化程度;受访对象的家庭主要收入来源、家庭年收入以及种田收入占总收入的比例;家中人口数量及外出打工人口数量和日工资等。

第二部分主要涉及该地区的生态环境状况以及生态补偿状况。包括受访地区的生态环境状况以及受访对象的生态环境保护意识;受访对象是否了解生态补偿及通过何种渠道了解;受访对象是否了解"退耕还草""天然林保护""湿地资源保护恢复工程"等政策;心中理想的补偿标准及补偿资金的承担方等。

第三部分主要涉及受访对象对农村土地流转的态度和意愿。包括受访对象是否愿意将土地进行流转及其原因;将土地转包、出租、入股等对家庭收入的影响;受访对象所在村庄是否有进行土地流转的及其流转形式;若进行土地流转,受访对象所期望的租金以及流转时间等。

第四部分涉及调研区域水资源是否充足、农业灌溉方式以及农业用水是否安全。主要包括所在地是否有地表水和地下水进行灌溉及其原因;不同季节地表水和地下水供给的可靠性如何;从事种植业生产主要采用的灌溉方式及传输水的主要方式;所调研区域农业用水是否安全及其污染的原因等。

(三)河北省资源环境现状调研问卷描述

湿地生态系统不仅具有重要的生态价值,而且具有重要的经济效益。通过进行河北省资源环境现状调研,能够及时发现河北省重要湿地的生态环境问题以及通过调研数据对居民的生态环境的保护意识、土地流转意愿进行客观的分析,为保护湿地生态环境,发挥湿地生态价值、经济价值提供重要参考。本次调研问卷分为三个部分。

第一部分主要是针对调研区域以及调研对象的信息所设计的问题,主要包括受访地区的地址、村庄类型及其主要地形;受访对象的性别、年龄、文化程度及职业;家庭人口数、收入及种田收入所占比例等。

第二部分主要涉及居民的生态保护意识,对生态补偿的了解以及当地政府对生态环境保护的宣传力度。包括调研区域河流状况;调研对象是否了解湿地保护政策;本地区湿地和河流是否存在污染及其原因;是否了解生态补偿、通过何种渠道了解;是否愿意接受退耕还湿,接受生态补偿等。

第三部分主要涉及土地流转的相关问题,主要包括调查对象是否愿意流转土地及其原因;是否存在土地流转、流入、流出的亩数和费用;村中是否存在流转土地的行为及其方式、时间;调查对象对土地所有权的认识;在土地流转、开展农村土地适度经营的过程中政府所需做的事情。上述问题的提出,将会在研究的过程中对农村土地流转的现状,以及村民的流转意愿与行为有充分的认识。

四、调研问卷主要问题摘要

本部分主要在调查问卷内容描述的基础之上,选出三次调查问卷中部分围绕本书研究目标的问题进行描述,主要包括对流转行为及意愿分析以及统计分析所用到的问题。选取的问题涉及农户流转行为和流转意愿的列联分析、二元 Logistic 分析以及生态足迹分析等。具体问题如表 3-3 所示:

表 3-3　问卷主要问题摘要

1. 受访地址	01 市　02 县(市、区)　03 乡(镇)　04 村
2. 性别	01 男　02 女
3. 村庄的主要地形	01 平原　02 山地　03 丘陵　04 其他
4. 家庭收入中种田收入大约是多少	01 三成以下　02 三成　03 三到五成　04 五到七成　05 七成以上
5. 文化程度	01 小学以下　02 小学毕业　03 初中毕业 04 高中(职高、中专)毕业　05 大专及以上

6. 家庭年收入状况	01 1 万元及以下 02 1 万—3 万元 03 3 万—5 万元 04 5 万—7 万元 05 7 万元以上
7. 是否愿意将土地流转出去,实行集中经营	01 愿意 02 不愿意 03 无所谓
8. 如果您愿意流转,出于何种原因	01 外出打工,没空打理 02 镇、村非农建设项目的需要 03 自己耕种成本高、辛苦、收入低 04 流转收入高,很划算 05 没有其他原因,就是不愿耕地 06 跟随别人做法 07 其他,请注明
9. 如果您不愿意流转土地,是出于何种原因	01 保障口粮需要 02 没有其他(非农)就业渠道 03 承包土地是家庭主要经济来源 04 怕流转后失去土地权益 05 想转出去,但没人愿意或出价太低 06 担心转出去自己想种时难收回 07 其他,请注明
10. 在您看来,您种的地归谁所有	01 国家 02 乡镇政府 03 村(组)集体 04 自己 05 不清楚
11. 如果您的承包地可能流转,您认为多长时间比较合适	01 3—5 年 02 5—10 年 03 10 年以上 04 一年一签合同
12. 如果您的承包地可能流转,您认为多少租金比较合适	01 500—1000 元 02 1000—1500 元 03 1500—2000 元 04 2000 元以上
13. 您家 __ 亩地,已经流转入 __ 亩地,费用是 __ 元/亩;流转出 __ 亩地,费用是 __ 元/亩	

本书第三章的第四节和第五节对三次调研问卷分别进行了不同区域流转意愿与行为状况以及山区和平原地区的流转意愿与行为状况的分析。这一章的分析主要根据受访地址和村庄主要地形两个问题进行不同区域和不同地形的划分;利用家中已经流转入/流转出几亩地以及是否愿意将土地流转出去集中经营两个问题进行流转行为和流转意愿的分析。

本书的第四章,进一步对三次调查问卷进行合并,在整体上分别对不同区域和不同地形之间的流转意愿与行为的状况进行分析。第五章主要基于二元 Logistic 回归对农户的土地流转意愿与行为的影响因素进行分析。这一章的分析用到了表 3-3 中的问题,通过处理与统计收集到的问卷数据,分析土地流转意愿与行为的影响因素,从而得出对流转意愿与行为影响较大的因素。

第六、七章分别进行了熵值分析以及生态足迹分析,并进一步探究了土地承载力、生态承载力、生态足迹与生态效率对农户土地流转意愿和行为的影响,所需要的数据一方面来源于年鉴数据,如森林覆盖率、空气质量达标率、人均耕地面积以及农村居民家庭人均可支配收入等;另一部分来源于调查问卷,如流转行为和流转意愿,分别用到了调查问卷中的家中已经流转入/流转出几亩地和是否愿意将土地流转出去集中经营。根据上述数据对土地生产承载、土地人口承载、土地生活承载、土地资源环境承载分别进行计算,从而分析土地承载力与农户土地流转行为和流转意愿之间的关系。

第四节 不同地区流转意愿与行为状况

一、贫困山区县农村土地流转与土地承包权益调查区域对比分析

表3-4为贫困山区县农村土地流转与土地承包权益调研中不同区域的流转行为。将表3-3中第7题及11题的缺失值剔除,共有777份数据,其中有561个调查样本无流转行为,216个调查样本发生流转行为,有流转行为比例为27.8%。从区域调研样本上看保定市具有流转行为的比例最高,张家口市的比例最低,其余六市的有流转行为的比例在20%—40%。在此次调研中,保定市共有89个调研样本,其中已经存在流转行为的个数为50,有流转行为的比例为56.18%;而张家口市共有202个调研样本,存在流转行为的有38个,有流转行为的比例为18.81%。整体看来,调研样本显示具有土地流转行为的比例较低。

表 3-4 不同区域的流转行为对比

区域	流转行为		总计	有流转行为比例
	无	有		
保定市	39	50	89	56.18%
沧州市	61	12	73	16.44%
承德市	51	12	63	19.05%
衡水市	57	15	72	20.83%
秦皇岛市	16	9	25	36.00%
石家庄市	63	27	90	30.00%
邢台市	110	53	163	32.52%
张家口市	164	38	202	18.81%
总计	561	216	777	27.80%

如表 3-5 所示,对不同地区的流转意愿进行描述统计分析,在此次调研中有流转意愿比例超过 50% 的有保定和邢台两市,其中保定市的调查样本数量为 89 个,有流转意愿的为 53 个,有流转意愿的比例为 59.55%;邢台市的调查样本数量为 163 个,有流转意愿的为 87 个,有流转意愿的比例为 53.37%。而比例最低为沧州市,其调查样本数量为 73 个,有流转意愿的为 25 个,有流转意愿的比例为 34.25%;其余各市的比例大部分位于 35%—45%。整体看来,在 777 个调研样本中,共有 361 个样本具有流转意愿,整体有流转意愿的比例为 46.46%,且有 172 个调查样本对土地是否流转持无所谓的态度。整体看来,调研样本显示具有土地流转意愿比例较低。

表3-5 不同区域的流转意愿

区域	流转意愿			总计	有流转意愿 比例
	有	无	无所谓		
保定市	53	19	17	89	59.55%
沧州市	25	30	18	73	34.25%
承德市	33	18	12	63	52.38%
衡水市	27	28	17	72	37.50%
秦皇岛市	9	3	13	25	36.00%
石家庄市	36	36	18	90	40.00%
邢台市	87	43	33	163	53.37%
张家口市	91	67	44	202	45.05%
总计	361	244	172	777	46.46%

综上所述,在此次调研中有流转行为和有流转意愿的比例均超过50%的市仅有保定市,其余除邢台市的流转意愿比例超过50%外,皆低于50%。根据表3-4和表3-5对比可知,不同区域的流转意愿要高于流转行为。这说明有一部分有流转意愿的农户未转化为土地流转行为,存在农户无法将自身的土地流转意愿转化为流转行为的现象,因此需要进一步探寻流转意愿和流转行为之间的作用机制。

二、白洋淀流域资源环境与生态保护调研区域对比分析

白洋淀流域资源环境和生态保护调研的区域主要以保定市为主,将表3-3中第7题及11题的缺失值剔除,共计1802份调研样本,其中无流转行为发生的调查样本共1756个,存在流转行为的有46个,有流转行为的占比仅为2.55%。占比最大的为安国市,其调查样本数量共有69个,有流转行为发生的有8个,流转行为占比为11.59%。共有18个县市的有流转行为

的占比低于 5%,望都和博野两县的占比在 5%—10%,占比超过 10% 的仅有安国、蠡县和任丘三个区域。此次所调研样本显示发生流转行为的占比普遍偏低,区域之间土地流转的差距较小。

土地流转意愿调研方面,调研样本显示有土地流转意愿的占比要大大高于存在流转行为的占比,在此次调研中,愿意流转的样本数量为 1035 个,不愿意进行土地流转的数量为 531 个,持无所谓态度的数量为 236 个,有流转意愿的占比为 57.44%。在所调查区域的 23 个县中,共有 18 个县有流转意愿的占比超过 50%,其中 60% 及其以上的有 7 个县市。在 23 个县市中流转意愿最高的为涿州市,该市调查样本共 87 个,其中有流转意愿的样本 57 个,有流转意愿的占比为 65.52%;占比最低的为任丘市,该市的调查样本数量为 9 个,有流转意愿的为 3 个,有流转意愿的占比为 33.3%。

根据白洋淀流域存在流转行为和有流转意愿的调研样本数据对比可以发现,白洋淀流域各市县有流转行为的占比非常低,而其有流转意愿的占比较高,具有流转意愿的占比与存在流转行为的占比差为 54.89%。说明农户土地流转意愿与流转行为不匹配问题比较突出。

三、河北省资源环境现状调研区域对比分析

河北省资源环境现状调研包括对重要湿地区域的土地流转情况展开调研,其中不同地区的流转行为如表 3-6 所示,将表 3-3 中第 7 题及 11 题的缺失值剔除,共计 731 份调研样本,其中没有流转行为发生的调查样本个数为 497 个,发生流转行为的样本个数为 234 个,发生流转行为的占比为32.01%。在所调研的七个市中,张家口市发生流转行为的占比最大,占比为 50.54%,该地区共有 184 个调查样本,发生流转行为的样本为 93 个;发生流转行为占比最小的为衡水市,该地区的调查样本为 48 个,发生流转行为的样本数为 8 个,占比为 16.67%,其余五市发生流转行为的占比在

10%—40%。调研样本表明调研区域土地流转率较低。

表 3-6　不同区域的流转行为

区域	流转行为		总计	有流转行为占比
	无	有		
保定市	104	27	131	20.61%
沧州市	109	25	134	18.66%
衡水市	40	8	48	16.67%
秦皇岛市	44	24	68	35.29%
唐山市	52	19	71	26.76%
张家口市	91	93	184	50.54%
承德	57	38	95	40.00%
总计	497	234	731	32.01%

通过对不同区域的流转意愿进行描述统计分析,调研样本中愿意进行土地流转的样本数量为 439 个,不愿意进行土地流转的样本数量为 200 个,有流转意愿的占比为 60.05%。如表 3-7 所示,在七个市中,衡水市的调查样本总数为 48 个,其中愿意流转的样本为 35 个,有流转意愿的占比为 72.92%,该市占比最高;而唐山市的调查样本总量为 71 个,愿意流转的数量为 37,有流转意愿的占比为 52.11%,其占比最低;保定、沧州、秦皇岛、张家口、承德有流转意愿的占比分别为 53.44%、52.99%、57.35%、67.93%和 65.26%。

表 3-7　不同区域的流转意愿

区域	流转意愿			总计	有流转意愿的占比
	愿意	不愿意	无所谓		
保定市	70	41	20	131	53.44%
沧州市	71	43	20	134	52.99%
衡水市	35	8	5	48	72.92%

续表

区域	流转意愿			总计	有流转意愿的占比
	愿意	不愿意	无所谓		
秦皇岛市	39	19	10	68	57.35%
唐山市	37	19	15	71	52.11%
张家口市	125	44	15	184	67.93%
承德	62	26	7	95	65.26%
总计	439	200	92	731	60.05%

通过对不同区域土地流转意愿与行为的描述,可以得出衡水、保定等地具有土地流转行为的占比较低,而具有土地流转意愿的占比较高。尤其是衡水市,其发生流转行为的占比为 16.67%,为七市中的最低水平,而有土地流转意愿的占比为 72.92%,土地流转意愿是土地流转行为占比的 4.37倍。调研样本表明,此次调研的各个区域存在较高的流转意愿,但其实际发生土地流转的行为较少。

四、三次调研的流转行为和流转意愿的比较分析

本部分对三次调研区域的流转行为和流转意愿进行对比分析,在以下内容和图表中对三次调研依次称为:贫困地区调研(第一次调研)、白洋淀流域调研(第二次调研)和重要湿地调研(第三次调研)。

对三次调研农户具有土地流转行为和流转意愿占比进行整理,如图3-11 所示,在三次调研中发生流转行为比例最高的是重要湿地调研,占比为 32.01%;最低的为白洋淀流域调研,占比为 2.55%。在三次调研中贫困地区调研和重要湿地调研的具有流转行为的占比差距较小,而白洋淀流域调研与其他两次的调研的差距较大。有流转意愿占比最高的为重要湿地调研,占比为 60.05%;最低的为贫困地区调研,占比为 46.46%。整体看来,

三次调研具有流转意愿的占比差距要远远低于有流转行为的占比差距。由于在贫困地区调研中具有较低的流转行为占比,较低的流转意愿占比,故流转意愿占比与有流转行为占比之差较小;白洋淀流域调研具有较高流转意愿占比,较低流转行为占比,故二者差较大。

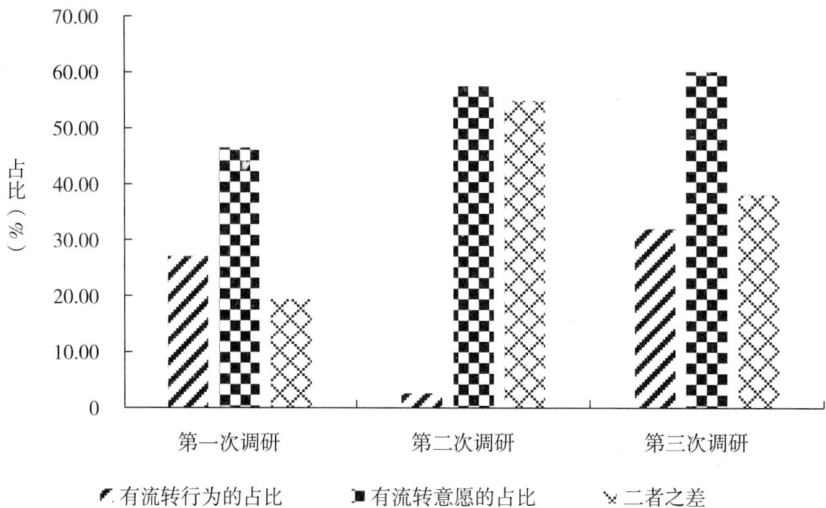

图 3-11 三次调研流转行为和流转意愿比较

流转行为占比和有流转意愿占比的极差比较分析。由于白洋淀流域调研的区域主要在保定市内,因此本部分对比分析不考虑白洋淀流域的调研。贫困地区调研和重要湿地调研有流转行为占比和有流转意愿占比的极差比较如图 3-12 所示。在流转行为占比方面,贫困地区调研样本中有流转行为占比最大值为保定市的 56.18%,最小值为沧州市的 16.44%,极差为39.74%;重要湿地调研样本中最大值为张家口市的 50.54%,最小值为衡水市的 16.67%,极差为 33.87%。这说明贫困地区调研各个区域之间的流转行为差异极值要高于重要湿地调研。在流转意愿方面,贫困地区调研样本中有流转意愿的占比最大值为保定市的 59.55%,最小值为沧州市的

34.25%,极差为 25.3%;重要湿地调研样本中的最大值为衡水市的 72.92%,最小值为唐山市的 52.11%,极差为 20.81%。贫困地区调研样本中有流转意愿占比的极差要略高于重要湿地。整体看来,重要湿地无论是在流转行为上还是在流转意愿上,区域之间的差异极值均较小。

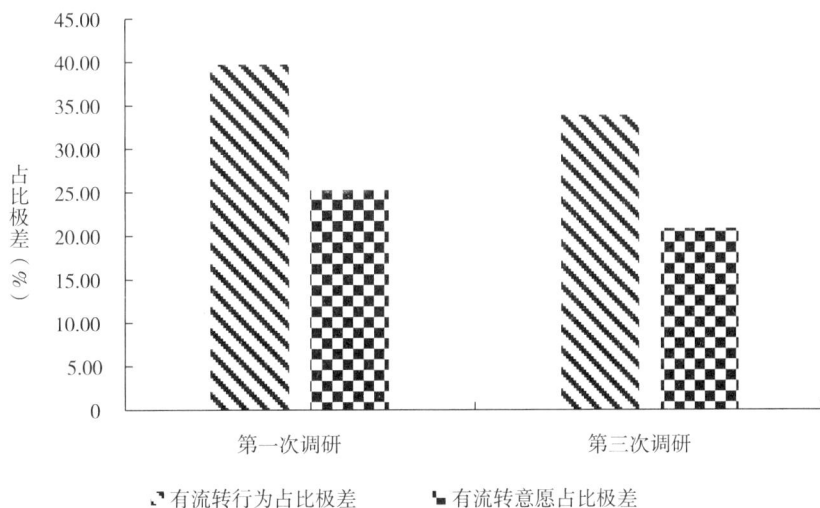

图 3-12 第一、三次调研流转行为和流转意愿极差比较

第五节 山区和平原地区土地
流转意愿与行为状况

一、贫困山区调研地区农村土地流转与土地承包权益调查对比分析

山区和平原发生流转行为的调研数据如表 3-8 所示,其中平原地区

430 个数据、山地地区 347 个数据,平原地区存在流转行为的样本数为 121
个,存在流转行为的占比为 28.14%;山地区域存在流转行为的样本数为 95
个,存在流转行为的占比为 27.38%。整体看来,在 777 个调查样本数据中,
共有 216 个样本存在流转行为,整体占比为 27.8%。调研数据显示,平原地
区的存在流转行为的占比要高于山地地区,但整体上两种地形区域发生土
地流转的占比较小。

表 3-8　不同地形的流转行为

	流转行为		总计	存在流转行为占比
	无	有		
平原	309	121	430	28.14%
山地	252	95	347	27.38%
总计	561	216	777	27.80%

　　山区和平原具有流转意愿的调研数据如表 3-9 所示,平原地区的调研
样本有 430 个,其中愿意进行土地流转的个数为 183 个,有流转意愿占比
42.56%,持无所谓态度的样本为 91 个,占比为 21.16%;山地地区共有 347
个样本,愿意进行土地流转的个数 178,有流转意愿占比为 51.3%,持无
所谓态度的共有 81 个,占比为 23.34%。可以推测出,山地地区有流转意愿
的比例要高于平原地区。

表 3-9　不同地形的流转意愿

地形	流转意愿			总计	有流转意愿占比
	愿意	不愿意	无所谓		
平原	183	156	91	430	42.56%

地形	流转意愿			总计	有流转意愿占比
	愿意	不愿意	无所谓		
山地	178	88	81	347	51.30%
总计	361	244	172	777	46.46%

根据表 3-8 和表 3-9 调研数据的对比可以得出,平原地区有流转行为的占比要高于山地地区,而山地地区有流转意愿的占比要高于平原地区。平原地区与山地地区有流转行为的占比的差距小于有流转意愿的占比的差距,两地形有流转行为的占比差距为 0.76%,而有流转意愿的占比差距为 8.74%。与此同时,两地形区流转意愿占比与流转行为占比的差分别为 14.2% 和 23.92%,这表明山区地区有流转意愿但没发生流转行为的占比要高于平原地区。

二、白洋淀流域资源环境与生态保护调研对比分析

如表 3-10 为白洋淀流域不同地形的流转行为状况,其中平原地区的调查样本共有 1146 个,发生流转行为的样本有 39 个,发生流转行为的占比为 3.4%;山地地区的样本总数为 656 个,发生流转行为的个数为 7 个,其发生流转行为的占比为 1.07%。从样本数据可以得到,白洋淀流域平原地区发生流转行为的占比要高于山地地区的占比。

表 3-10　不同地形的流转行为

地形	流转行为		总计	发生流转行为的占比
	无	有		
平原	1107	39	1146	3.40%

续表

地形	流转行为		总计	发生流转行为的占比
	无	有		
山地	649	7	656	1.07%
总计	1756	46	1802	2.55%

白洋淀流域不同地形的流转意愿如表 3-11 所示,平原地区的调查样本总数为 1146 个,其中愿意土地流转的样本为 633 个,有流转意愿的占比为 55.24%,对土地流转持无所谓态度的样本为 144 个,其占比为 12.57%;山地地区的调查样本总数为 656 个,其中愿意流转土地的样本为 402 个,占比为 61.28%,对土地流转持无所谓态度的共有 92 个样本,占比为 14.02%。从样本数据整体看来,山地地区有流转意愿的占比以及持无所谓态度的占比要高于平原地区。

表 3-11　不同地形的流转意愿

	流转意愿			总计	有流转意愿的占比
	愿意	不愿意	无所谓		
平原	633	369	144	1146	55.24%
山地	402	162	92	656	61.28%
总计	1035	531	236	1802	57.44%

通过对比白洋淀流域调研不同地形下农户土地流转意愿和行为,从分析结果可以得出平原地区农户发生流转行为的占比要高于山区地区的占比,山地地区有流转意愿的占比要高于平原地区的占比。平原和山地发生流转行为的占比差距要远远小于有流转意愿的占比差距,两地形发生流转行为的占比差距为 2.34%,有流转意愿的占比差距为 6.04%。平原和山地

流转意愿占比与流转行为占比的差分别为 51.83% 和 60.21%,这说明两地形区都存在着大量的有土地流转意愿,但没有流转行为的样本,且山地地区的比重要高于平原地区。

三、河北省资源环境现状调研对比分析

表 3-12　不同地形的流转行为

地形	流转行为		总计	发生流转行为的占比
	无	有		
平原	520	161	681	23.64%
山地	50	35	85	41.71%
丘陵	25	20	45	44.44%
其他	27	6	33	18.18%
总计	622	222	844	26.30%

如表 3-12 为河北资源环境现状社会调研不同地形发生土地流转行为的状况,其中平原地区的样本共有 681 个,有流转行为发生的样本个数为 161 个,发生流转行为的占比为 23.64%;山地地区的调查样本总数为 85 个,其中发生流转行为的个数为 35 个,发生流转行为的占比为 44.71%;丘陵地区的调查样本总数为 45 个,有流转行为发生的样本个数为 20 个,发生流转行为的占比为 44.44%;其他地形地区的调查样本总数为 33 个,其中发生流转行为的个数为 6 个,发生流转行为的占比为 18.18%。通过对调研数据对比,平原地区发生流转行为的占比要低于山地地区和丘陵地区的占比。

表 3-13　不同地形的流转意愿

	流转意愿			总计	有流转意愿的占比
	愿意	不愿意	无所谓		
平原	337	160	75	572	58.92%
山地	57	21	4	82	69.51%
丘陵	29	11	4	44	65.91%
其他	16	8	2	33	48.48%
总计	439	200	85	731	60.05%

不同地形的流转意愿情况如表 3-13 所示,其中平原地区愿意进行土地流转的样本数为 337 个,有流转意愿的占比为 58.92%,对土地流转持无所谓态度的样本数为 75 个,占比为 13.11%;山地地区的样本总数为 82 个,其中愿意进行土地流转的样本数为 57 个,有流转意愿的占比为 69.51%,对土地流转持无所谓态度的样本数为 4 个,占比为 4.88%。通过对调研样本数据分析可发现,山地地区有流转意愿的占比要高于平原地区的占比,但平原地区对土地流转持无所谓态度的占比要高于山地地区的占比。

根据表 3-12 和表 3-13 调研数据对比可知,山地地区有流转行为发生的占比以及有流转意愿的占比要高于平原地区的占比。两个不同地区有流转行为的占比差距要高于有流转意愿的占比差距,其中平原与山地两种地形有流转行为发生的占比差距为 21.07%,有流转意愿的占比差距为 10.6%。从样本数据整体看来,平原和山地流转意愿占比与流转行为占比的差分别为 35.27% 和 24.80%,这说明平原地区有土地流转意愿但没有发生土地流转行为的占比要高于山地地区的占比。

四、三次调研不同地形下流转意愿与行为比较分析

如图 3-13 所示,为三次调研数据中平原和山地地区的有流转行为和

有流转意愿占比之间的比较。首先,在流转行为方面,前两次调研平原地区有流转行为的占比要高于山地地区的占比,而在第三次调研中的山地地区有流转行为的占比要高于平原地区的占比。这说明在土地流转的过程中,一般平原地区的土地流转率要高于山地地区;其次,在流转意愿方面,三次调研所得到的结果都是山地地区的流转意愿高于平原地区的流转意愿,这主要因为山地地区土壤较为贫瘠、农作物产量较低、种植难度大所导致农户种植意愿下降,提高了流转意愿。并且在三次调研中,第三次调研的平原地区流转意愿和山地地区的流转意愿都是最高。最后,在有流转意愿占比与有流转行为占比之差这一方面,前两次调研的数据显示平原地区的二者之差小于山地地区,这说明在土地流转方面,山地地区有流转意愿但没有发生流转行为的占比要高于平原地区。而在第三次调研中,山地地区的二者之差小于平原地区。

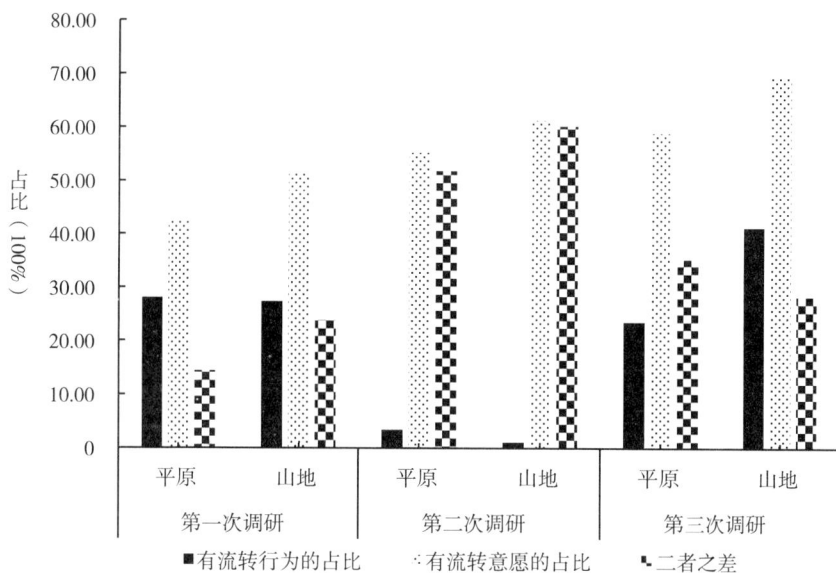

图 3-13 三次调研流转行为和流转意愿比较

第六节 土地流转意愿、行为主要影响因素分析

一、受访主体主要特征描述性分析

表3-14 农户文化程度描述性分析

农户文化程度	频数	占比
01. 小学以下	543	15.22%
02. 小学毕业	967	27.10%
03. 初中毕业	1367	38.31%
04. 高中(职高、中专)毕业	514	14.41%
05. 大专及以上	177	4.96%

如表3-14所示,在调研样本中有38.31%的农户的文化水平为初中毕业,占比最高,小学以下和小学文化水平的农户占比分别为15.22%、27.10%,高中(职高、中专)、大专及以上的农户占比分别为14.41%、4.96%。整体而言,初中以下文化水平的农户占比共计80.63%,说明了农户的文化水平整体较低,符合我国现阶段农村发展现状。因此,应该通过职业教育、专业技术培训等方式加强农村从业人员的培养教育,提高农村居民的整体文化水平。

表3-15 农户种田收入占家庭总收入占比

种田收入占家庭总收入占比	频数	占比
01. 三成以下	1460	44.19%

续表

种田收入占家庭总收入占比	频数	占比
02. 三成	445	13.47%
03. 三到五成	454	13.74%
04. 五到七成	390	11.80%
05. 七成以上	555	16.80%

　　如表 3-15 所示,有 44.19% 的受访农户种田收入占家庭总收入的三成以下,占比最高,占比三成的农户占比为 13.47%,三成及三成以下的农户占比共为 57.66%,种田收入占家庭收入三到五成、五到七成、七成以上的农户占比分别为 13.74%、11.80% 以及 16.80%。样本数据充分说明了已经有大部分农户的家庭收入不再以种田收入为主,农户的收入渠道不断增多,但是仍有小部分的农户仍然依靠种田收入。

二、土地流转意愿影响因素描述性分析

(一)农户愿意进行土地流转原因分析

表 3-16　农户愿意进行土地流转的原因

愿意进行土地流转原因	频数	占比
01. 外出打工,没空打理	621	22.18%
02. 镇、村非农建设项目的需要	154	5.50%
03. 自己耕种成本高、辛苦、收入低	1388	49.57%
04. 流转收入高,很划算	379	13.54%
05. 没有其他原因,就是不愿耕地	84	3.00%
06. 跟随别人做法	98	3.50%
07. 其他	76	2.71%

如表 3-16 所示,河北省农户在选择流转的原因中,样本数据显示"自己耕种成本高、辛苦、收入低"的比例最高,高达 49.57%,将近一半的农户认为自己耕种土地时成本极高但是收入却低,基于此农户愿意将土地进行流转,有 13.54% 的农户认为"流转收入高,很划算",因此这类农户也愿意将土地进行流转以期望获得更高的收益。另一比例较高的原因是"外出打工没空打理",占比为 22.18%,此原因要结合河北省所处的地理位置来看,位于京津冀的河北,在吸引人才方面不如京津的实力强,显然青壮年外出打工的农户也越来越多,因此"外出打工"的原因也是较明显的。在余下的几个原因中,"镇、村非农建设项目的需要"占比为 5.50%,"跟随别人的做法"占比 3.50%,"没有其他原因,就是不愿耕地"占 3.00%,"其他"占 2.71%。

(二)农户不愿意进行土地流转原因分析

表 3-17　农户不愿意进行土地流转的原因

不愿意进行土地流转原因	频数	占比
01. 保障口粮需要	588	28.77%
02. 没有其他(非农)就业渠道	250	12.23%
03. 承包土地是家庭主要经济来源	246	12.04%
04. 担心流转后失去土地权益	363	17.76%
05. 想转出去,但没人愿意或出价太低	255	12.48%
06. 担心转出去自己想种时难收回	280	13.70%
07. 其他,请注明	62	3.03%

由表 3-17 可知,农户不愿意进行土地流转的原因是多样的。其中"保障口粮需要"是农户选择原因中占比最高的,为 28.77%。样本数据可以说明河北省中有部分农户仍将土地作为满足基本生活需求的保障,此类多为贫困地区的农户。而另外五种原因:"没有其他(非农)就业渠道""承包土

地是家庭主要经济来源""担心流转后失去土地权益""想转出去,但没人愿意或者出价太低""担心转出去自己想种时难收回"所占比例较为均衡,依次为 12.23%、12.04%、17.76%、12.48% 和 13.70%。也可以发现很多不愿意进行土地流转的农户主要是担心收益问题和土地权益问题。

三、土地流转行为影响因素描述性分析

（一）土地流转方式分析

表 3-18　农户流转土地的形式

土地流转方式	频数	占比
01. 农户之间的自由转让	1833	75.4%
02. 通过村集体转让	524	21.60%
03. 承包土地入股、股份合作经营	165	6.80%
04. 由集体反租倒包	33	1.40%
05. 通过专门中介机构	34	1.40%

如表 3-18 所示,有 75.4% 的农户是通过与其他农户的自由转让实现土地流转的,此种类型所占比例最高。由样本数据可以得知,土地流转市场不是很普遍,大部分农户的土地流转行为可能仅仅通过口头交易,需完善流转程序。另外"通过村集体转让"占 21.60%,"承包土地入股、股份合作经营"占 6.80%。余下两个选项"由集体返租倒包""通过专门中介机构"分别占 1.40%、1.40%。

（二）农户土地流转期望租金分析

由图 3-14 所示,农户土地流转期望租金占比最高的为 1000—1500 元,占比为 35.85%;期望租金占比最低的为 2000 元以上,占比为 19.45%;期望租金 500—1000 元以及 1500—2000 元以上的占比分别为 22.86% 和

21.75%。由样本数据可知,农户对土地流转的期望租金分布差异较小,以1500元为分界线,期望租金在1500元以下的占比为58.71%,略高于1500元以上的占比。此问题可以为土地流转双方以及政府部门提供参考,更好地促进土地流转行为的发生。

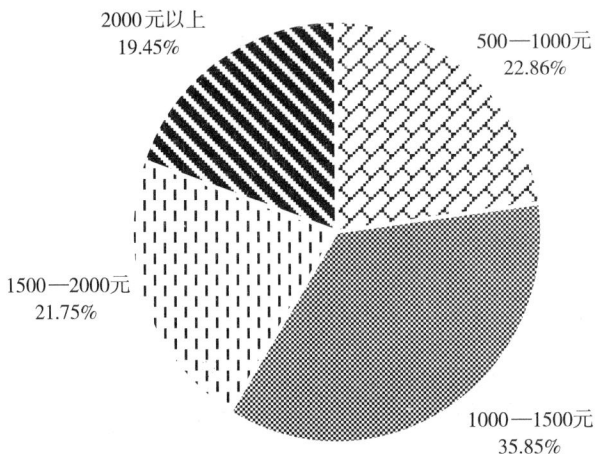

图 3-14　农户土地流转期望租金分析

(三)农户对土地所有权的认识

如图 3-15 所示,认为农村土地归自己所有和国家所有的农户占比最大,分别为48.68%和34.18%,对土地所有权不清楚以及认为土地归乡镇政府所有的占比分别为3.83%和1.37%。能够正确认识农村土地归集体所有的农户占比较少,仅为11.93%,样本数据说明很多农户对土地所有权的认识不清,对土地所有权的错误认识会影响到农村土地流转,应加大宣传力度,提高居民对土地相关政策、法律法规的认识,以规范有序推进土地流转。

四、生态补偿意愿状况调研分析

整理河北省资源环境状况调研数据,在问及"是否知道生态补偿"时,

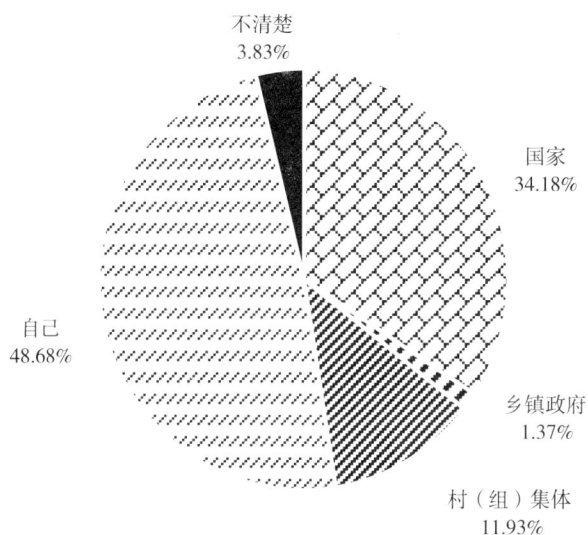

图 3-15　农户对农村土地所有权的认识

其中知道得很详细的仅占 0.9%，知道的占 11.7%，知道一些的占 19.4%，从没听说的占 64.2%，问卷的缺失值占 3.7%。数据显示农户对生态补偿的了解很少。

表 3-19　是否愿意退耕还湿，接受湿地生态补偿交叉表

		频率	百分比（%）
有效	愿意	459	54.4
	不愿意	164	19.4
	无所谓	123	14.6
	合计	746	88.4
缺失	系统	98	11.6
合计		844	100

在问及"是否愿意退耕还湿,接受湿地生态补偿"时,剔除 98 份无效的调研问卷,样本中有 54.4%的农户愿意接受生态补偿,19.4%的农户不愿意接受生态补偿,14.6%的农户对生态补偿持无所谓的态度。表明农户虽然对生态补偿的了解程度较低,但仍有超过半数受访者有接受生态补偿的意愿,这将有利于退耕还湿地和土地生态保护。

第四章　土地流转意愿与行为的相关分析

　　农户土地流转意愿一般与行为之间存在较高的相关性,如果二者不匹配或者表现为不相关,表明存在抑制土地流转意愿向流转行为转化的阻碍。为研究土地流转意愿、行为的影响因素有哪些,如何推进流转意愿向流转行为的转化,首先需要依据调研样本中具有土地流转意愿的农户和发生实际流转行为的对应情况,运用实证方法测度农户土地流转意愿与行为之间的相关关系。

　　本章主要运用课题组 2016 年至 2019 年对河北省不同地区的土地流转意愿与行为状况的调查数据,对不同空间土地流转意愿与行为关系进行研究,将四年间调研获取的数据进行汇总,按照河北省不同地区以及地形地貌作为分类对象,对不同空间的土地流转行为及意愿关系进行列联分析和卡方检验,从而得到河北省不同地区和地形下农户土地流转行为和流转意愿之间是否具有关联性,结合具体情况进一步找出阻碍农户土地流转意愿转化为行为的短板,为推动农村土地流转提供参考。

第一节　土地流转意愿与行为关系
分析的相关调研内容

一、土地流转意愿与行为关系调研数据的区域分布

对三次调研问卷进行整理汇总,去掉缺失值较多的数据得到 3592 份数据。其中保定 2197 份,涵盖了保定市的 3 个区,15 个县,以及 4 个县级市;沧州市 239 份,包括了沧州市的 4 个县及一个县级市;承德市有 163 份,包括了承德市的 3 个县和一个县级市;衡水市 139 份,包括了衡水市的 4 个县以及两个市辖区;秦皇岛市 104 份,涵盖了秦皇岛市的 2 个县以及三个市辖区;石家庄市 93 份,包括石家庄市的 4 个县;邢台市共 166 份,涵盖了 6 个县;唐山市 87 份,涵盖了唐山市的两县两区;张家口市 404 份,包括康保、阳原、赤城等 8 个县以及一个市辖区。各市调研涵盖的县、区及县级市详见下表。

表 4-1　调研样本区域分布情况

调研市域	调研县域及县级市
保定市	易县、徐水区、涞源县、定兴县、顺平县、唐县、望都县、涞水县、清苑区、满城区、高阳县、安新县、雄县、容城县、曲阳县、阜平县、博野县、蠡县、安国市、定州市、高碑店市、涿州市
沧州市	海兴县、盐山县、南皮县、青县、黄骅市
承德市	围场满族蒙古族自治县、平泉市(平泉县)、隆化县、丰宁满族自治县
衡水市	武邑县、武强县、饶阳县、阜城县、冀州区、桃城区
秦皇岛市	青龙满族自治县、昌黎县、北戴河区、抚宁区、海港区
石家庄市	行唐县、平山县、灵寿县、赞皇县

调研市域	调研县域及县级市
邢台市	广宗县、巨鹿县、临城县、平乡县、威县、新河县
唐山市	滦南县、乐亭县、丰南区、曹妃甸区
张家口市	康保县、怀安县、阳原县、沽源县、张北县、赤城县、崇礼区(崇礼县)、尚义县、蔚县

其次根据地形地貌的不同将河北省调研区域的地形划分为平原、山地、丘陵和其他,在调研过程中发现河北省地形基本属于平原、山区和丘陵,选择其他选项的是极少数,所以对其进行分析意义不大,因而将问卷中出现的其他地形作为缺失值处理,经统计平原地形数据为 2307 份,山区地形的数据为 920 份,丘陵地形的数据为 246 份。

调研问卷对农户的土地流转行为设置了相关填空题,首先是家里有几亩地,其次是对流转行为发生与否的调查,分别是已经流转入几亩地、费用是多少、已经流转出几亩地、费用是多少。在获取数据时要对问卷进行筛选,如果问卷中流转入与流转出的填空中有大于 0 的数值,则认为流转行为发生,反之则认为流转行为未发生。问卷同时也设置了农户土地流转意愿的相关性问题,选项分为愿意、不愿意以及无所谓。

二、土地流转意愿与行为的列联分析

意愿往往是个人主观的想法,对行为的发生起重要决定作用,可以使用频数交叉表探索农户土地流转的意愿与行为间是否存在关联。通过列联分析可以很清晰地发现农户的土地流转意愿是否转化为流转行为,并能够对意愿和行为之间的相关性进行分析。

列联表又称作交叉表,是观测数据按两个或更多属性(定性变量)分类时所列出的频数表。它是由两个或两个以上的变量进行交叉分类的频数分布表。通过分析某个变量或者多个变量在一个因素影响条件下的分布,从而探索每个因素之间的关系,得出的数据能够反映事实真相。建立在交叉表下的列联分析不应该只局限于单个变量下的影响,更应该考虑交叉表中的交叉项所反映出的事实情况,往往更容易反映出现实问题。

卡方独立性检验是建立在列联表的基础上进行的,卡方独立性检验包括 Pearson 卡方,似然比等结果,当两个变量都是定性变量时,则用来检验行变量和列变量之间是否存在相关关系。若两个变量不存在关联,则认为他们是独立的。卡方检验可以将变量间的关系用具体的数学方法量化,能够更好地认识到变量之间的关联以及关联程度的强弱。

本章使用 SPSS 软件来完成列联分析,将农户发生流转行为编码为"1",未发生流转行为编码为"0"。农户愿意进行土地流转编码为"1",不愿意编码为"2",无所谓编码为"3"。农户的流转意愿与行为的卡方检验所设置的零假设都是流转行为的发生与农户的流转意愿没有关联,通过 Pearson 卡方和似然比的结果来判断是否拒绝原假设,根据检验结果并结合实际情况进行进一步分析,得出结论。

第二节　不同地区调研样本农户流转 意愿与行为相关分析

一、保定调研样本中农户流转意愿与行为的列联分析

根据收集到的保定地区调研问卷,将农户流转意愿与行为两个变量输入 SPSS 进行分析,分析结果如下。

表4-2是保定地区的问卷处理情况,共有2197个数据,其中未缺失数据2111条,而有缺失的有86条,缺失值在可接受范围内。

表4-2　保定市案例处理情况摘要

	有效		缺失		合计	
流转行为 * 意愿	2111	96.1%	86	3.9%	2197	100%

保定地区农户流转意愿与行为样本数据的交叉表结果如表4-3所示,在保定地区愿意进行土地流转的样本中,有土地流转行为的占比为15.4%,但仍有84.6%的农户实际没有土地流转。在不愿意进行土地流转的样本中,有13.1%农户有土地流转行为。由此可见,保定市土地流转与农户的意愿匹配度较低。除此以外,可以看到卡方统计量的值为2.096,对应的Sig值为0.351,大于给定的显著性水平0.05,因此接受原假设,认为保定农户的流转意愿与行为之间没有关联性,即样本数据显示保定地区农户的意愿还没有显著影响到他们的土地流转行为。

表4-3　保定农户流转意愿与行为交叉表　　　　　　（%）

		流转行为		合计
		流转	未流转	
流转意愿	愿意	15.4	84.6	100.0
	不愿意	13.1	86.9	100.0
	无所谓	13.8	86.2	100.0
合计		14.6	85.4	100.0
显著性检验	$\chi^2 = 2.096$　　df=2　　sig=0.351			

样本数据显示保定农户的流转意愿与行为是相互独立的。从数据看保

定农户土地流转行为占比小,未流转的农户占大多数,应及时了解当地农户从意愿到行为的制约因素,从而对症下药,推进当地土地流转。

二、沧州调研样本中农户流转意愿与行为的列联分析

将沧州市相关的调研数据筛选后,导入 SPSS18.0 中进行分析,得出如下分析结果:

表4-4 是沧州市问卷处理情况摘要,共有239 条数据,其中未缺失数据为212 条。

表 4-4 沧州市案例处理情况摘要

	有效		缺失		合计	
流转行为 * 意愿	212	88.7%	27	11.3%	239	100%

在沧州市愿意发生土地流转的样本中,进行流转土地行为的农户占比为26.5%,没有进行流转土地行为的农户占比为73.5%;在不愿意发生流转的农户中,却有15.8%发生了流转行为;在持无所谓态度的农户中进行土地流转的占比仅为7.9%,高达92.1%持无所谓态度的农户未进行土地流转。由此可见沧州市土地流转与农户的意愿匹配度相对较高,农户流转意愿影响农户的土地流转行为。根据沧州农户流转意愿与行为调研数据做了卡方检验,似然比的渐进 Sig 值为0.029,小于给定的显著性水平0.05,拒绝原假设,认为沧州农户的土地流转行为与土地流转意愿之间不是独立的,二者是存在相关关系的。

表4-5 沧州农户流转意愿与行为交叉表 （%）

		流转行为		合计
		流转	未流转	
流转意愿	愿意	26.5	73.5	100.0
	不愿意	15.8	84.2	100.0
	无所谓	7.9	92.1	100.0
合计		19.3	80.7	100.0
显著性检验		$\chi^2 = 7.053$ df = 2 sig = 0.029		

从样本数据中农户愿意进行土地流转但是未进行土地流转占比可以看出，沧州农户的流转意愿与行为存在显著关联，但是关联程度较低。从沧州市未进行土地流转的农户在三种土地流转态度中的占比看出，愿意土地流转但未实现土地流转与无所谓流转的农户应该被给予足够的重视，应了解农户的实际情况，从而可以对症下药，更好地规范有序推进土地流转。

三、承德调研样本中农户流转意愿与行为的列联分析

承德市共有163条数据，表4-6是承德市案例处理情况摘要，存在4条缺失数据，有效数据有159条。

表4-6 承德市案例处理情况摘要

	有效		缺失		合计	
流转行为＊意愿	159	97.5%	4	2.5%	163	100%

表4-7是承德市农户土地流转意愿与行为样本数据的交叉分析表，可以看到在承德市愿意进行土地流转的农户中，发生流转行为的比例为

38.9%,在无流转意愿中未发生流转行为的农户占79.5%。而在承德市有意愿发生土地流转的农户中,有61.1%都未进行土地流转,大部分选择了不进行流转。相关部门应考虑承德市土地流转机制中存在的问题,是否有其他因素制约了农户的流转行为。表中可以看到承德农户流转意愿与行为卡方统计量的值为9.304,渐进Sig值为0.01,小于显著性水平0.05,因此拒绝原假设,认为承德农户的流转意愿与行为有显著关联性。

表4-7　承德农户流转意愿与行为交叉表　　　　　　（%）

		流转行为		合计
		流转	未流转	
流转意愿	愿意	38.9	61.1	100.0
	不愿意	20.5	79.5	100.0
	无所谓	10.0	90.0	100.0
合计		30.2	69.8	100.0
显著性检验	$\chi^2 = 9.304$　df=2　sig=0.010			

样本数据显示承德市农户的流转意愿与行为之间存在关联关系。持无所谓态度的农户没有进行土地流转占绝大部分,而且在愿意进行土地流转的农户中,大部分仍没有实现土地流转。因此研究阻碍土地流转的因素,是促进农户土地流转意愿与行为匹配的关键一环。

四、衡水调研样本中农户流转意愿与行为的列联分析

根据衡水市调查数据分析可得如下结果:表4-8是衡水市案例处理结果摘要,可以看到共有139条数据,其中未缺失数据共122条。

表4-8　衡水市案例处理情况摘要

	有效		缺失		合计	
流转行为＊意愿	122	87.8%	17	12.2%	139	100%

　　衡水市农户土地流转意愿与行为样本数据交叉表如表4-9所示,有土地流转意愿的农户中,进行流转的农户占比为25.4%;不愿意流转的农户中,未发生流转的农户占比为94.4%;无所谓的农户中,未进行土地流转的占比为82.6%。可以发现衡水市大多数农户意愿与行为的发生情况较一致。衡水市农户流转意愿与行为的卡方统计量的值为6.109,渐进Sig值为0.047,略小于显著性水平0.05,由此可见衡水市农户土地流转意愿与行为呈显著相关关系,农户土地流转行为的发生与不发生和他们的意愿有着一定的关系。

表4-9　衡水农户流转意愿与行为交叉表　　　　　　（%）

		流转行为		合计
		流转	未流转	
流转意愿	愿意	25.4	74.6	100.0
	不愿意	5.6	94.4	100.0
	无所谓	17.4	82.6	100.0
合计		18.0	82.0	100.0
显著性检验		$\chi^2 = 6.109$　df=2　sig=0.047		

　　样本数据显示衡水市农户的土地流转意愿与行为之间存在显著关联关系。从结果中可以看到,不愿意进行土地流转的农户大部分未转化为流转行为,总体进行土地流转的占比不足五分之一。通过后文对农户流转意愿影响因素的分析,可采取相应的措施转变部分农户对土地流转的抵触心理。

同时也应该进一步促进衡水市农户的流转意愿向流转行为转变,促进无所谓与不愿意态度的农户向愿意进行土地流转的态度转变,让更多的农户加入土地流转中。

五、秦皇岛调研样本中农户流转意愿与行为的列联分析

对秦皇岛的调研数据进行分析后可知,秦皇岛共有 104 条数据,其中未缺失数据共有 91 条,有效率为 87.5%。

表 4-10　秦皇岛市案例处理情况摘要

	有效		缺失		合计	
流转行为 * 意愿	91	87.5%	13	12.5%	104	100%

从表 4-11 中可得知,样本数据显示在秦皇岛愿意进行土地流转的农户中,有流转行为的农户比例为 37.5%,不愿意流转的农户中却发生流转行为的比例为 31.8%。在不同流转态度下,未发生过土地流转的农户所占比例均较高,表明秦皇岛一半以上的农户未进行过流转土地。秦皇岛农户流转意愿与行为的卡方检验结果中渐进 Sig 值为 0.747,明显大于显著性水平 0.05,样本数据显示,秦皇岛农户的流转意愿还没有明显影响农户的土地流转行为。

表 4-11　秦皇岛农户流转意愿与行为交叉表　　　　　　(%)

		流转行为		合计
		流转	未流转	
流转意愿	愿意	37.5	62.5	100.0
	不愿意	31.8	68.2	100.0
	无所谓	28.6	71.4	100.0

续表

		流转行为		合计
		流转	未流转	
合计		34.1	65.9	100.0
显著性检验		$\chi^2 = 0.584$　df=2　sig=0.747		

样本数据显示秦皇岛农户的土地流转意愿与流转行为没有显著关联关系。发生过土地流转的农户占调查农户的 34.1%。当地有关部门应调查农户从意愿到行为的制约因素，寻找方法从而规范有序推进土地流转。

六、石家庄调研样本中农户流转意愿与行为的列联分析

对石家庄农户的相关调研数据进行分析，调研数据案例分析摘要如表 4-12 所示，未缺失数据为 88 条。

表 4-12　石家庄市案例处理情况摘要

	有效		缺失		合计	
流转行为 * 意愿	88	94.6%	5	5.4%	93	100%

根据样本数据交叉表 4-13 可以看到，在石家庄有流转土地意愿的农户中，进行土地流转的农户占比仅为 28.6%，未进行土地流转的农户有71.4%，无流转意愿中并未进行土地流转的有69.4%，无所谓流不流转土地的农户中未进行土地流转的占比为 64.7%，有土地流转意愿的农户实际发生流转行为的也很少。石家庄市农户流转意愿与行为的卡方检验结果显示卡方统计量为 0.244，渐进 Sig 值为 0.885，大于显著性水平 0.05，由此得出结论石家庄农户流转意愿与行为没有显著关联，是否愿意进行土地流转并

不能影响农户的流转行为。

表 4-13　石家庄农户流转意愿与行为交叉表　　　（%）

		流转行为		合计
		流转	未流转	
流转意愿	愿意	28.6	71.4	100.0
	不愿意	30.6	69.4	100.0
	无所谓	35.3	64.7	100.0
合计		30.7	69.3	100.0
显著性检验		$\chi^2 = 0.244$　df = 2　sig = 0.885		

由样本数据可以得出,石家庄农户的土地流转意愿还没有显著影响到他们的流转行为,有土地流转意愿的农户大部分没有进行土地流转,可见石家庄土地流转整体的完成度较低,农户很少能够把意愿转化为行为。

七、邢台调研样本中农户流转意愿与行为的列联分析

邢台的调研结果导入 SPSS18.0 可得以下分析结果,邢台市共有未缺失数据 163 条,缺失 3 条。

表 4-14　邢台市案例处理情况摘要

	有效		缺失		合计	
流转行为 * 意愿	163	98.2%	3	1.8%	166	100%

邢台市农户流转意愿与行为样本数据的交叉分析表如下,在有土地流转意愿的农户中,未进行土地流转的农户占比为 66.7%;在没有土地流转意愿的农户中,未发生土地流转的占比为 72.1%;在对土地流转持无所谓

态度的农户中,没有土地流转行为的占比为 63.6%。根据邢台市农户流转意愿与行为的卡方检验结果可知,渐进 Sig 值大于显著性水平 0.05,没有充分的理由拒绝原假设,认为邢台市农户的流转意愿与行为并无显著关联,它们之间是独立的。

表 4-15　邢台农户流转意愿与行为交叉表　　　　　　（%）

		流转行为		合计
		流转	未流转	
流转意愿	愿意	33.3	66.7	100.0
	不愿意	27.9	72.1	100.0
	无所谓	36.4	63.6	100.0
合计		32.5	67.5	100.0
显著性检验		$\chi^2 = 0.665$　df = 2　sig = 0.717		

邢台市农户的土地流转意愿还没有显著影响到土地流转行为。样本数据显示其土地流转情况与石家庄的状况类似,少数的农户进行过土地流转,应该深入分析制约邢台市农户产生土地流转行为的深层次原因。

八、唐山调研样本中农户流转意愿与行为的列联分析

对唐山市调研数据进行列联分析,可以看到唐山市共 87 条数据,其中未缺失数据共有 71 条。

表 4-16　唐山市案例处理情况摘要

	有效		缺失		合计	
流转行为 * 意愿	71	81.6%	16	18.4%	87	100%

根据表4-17样本数据可以发现,有土地流转意愿中发生流转行为的农户占比为36.8%,在没有流转意愿的农户中没有进行流转行为的占比为89.5%,对土地流转持无所谓态度的农户流转土地的占比为78.6%,所以农户流转意愿与流转行为的关联度较小,应该考虑制约农户意愿转换为行为的原因。卡方检验统计量的值为4.729,渐进Sig值为0.094,大于给定显著性水平0.05,接受原假设,认为唐山市农户土地流转意愿与流转行为之间没有显著关联。

表4-17　唐山农户流转意愿与行为交叉表　　　　　　(%)

		流转行为		合计
		流转	未流转	
流转意愿	愿意	36.8	63.2	100.0
	不愿意	10.5	89.5	100.0
	无所谓	78.6	21.4	100.0
合计		26.8	73.2	100.0
显著性检验		$\chi^2 = 4.729$　df = 2　sig = 0.094		

样本数据显示唐山市农户的土地流转行为和流转意愿之间关联不明显,即唐山市农户的土地流转意愿还没有显著影响到流转行为,而且有土地流转行为的农户所占比例较小,可以看到有制约当地农户从意愿到行为的因素。

九、张家口调研样本中农户流转意愿与行为的列联分析

根据张家口的数据得到如下案例情况摘要,共有数据404条,其中未缺失数据为391条,数据有效率为97%。

表 4-18　张家口市案例处理情况摘要

	有效		缺失		合计	
流转行为＊意愿	391	97%	12	3.0%	404	100%

　　表 4-19 是张家口市农户流转意愿与行为样本数据的交叉表,在有意愿土地流转的农户中,有 40.6% 的农户进行了流转土地,在没有土地流转意愿的农户中没有进行土地流转的农户占比为 75.9%,可见张家口农户的个人流转意愿会影响土地流转行为;而对土地流转持无所谓态度但进行土地流转的农户占比为 17.2%,可见持中立态度的农户进行土地流转的热情不高。从张家口农户土地流转意愿与行为的卡方检验结果可以看到,卡方检验统计量的值为 16.327,渐进 Sig 值为 0,小于显著性水平 0.05,可以表明张家口地区农户的土地流转意愿与行为之间存在很强的关联性。

表 4-19　张家口农户流转意愿与行为交叉表　　　　　（%）

		流转行为		合计
		流转	未流转	
流转意愿	愿意	40.6	59.4	100.0
	不愿意	24.1	75.9	100.0
	无所谓	17.2	82.8	100.0
合计		32.2	67.8	100.0
显著性检验		$\chi^2 = 16.327$　df = 2　sig = 0.000		

　　样本数据显示张家口地区农户的土地流转意愿与行为间存在很强的关联关系,促进张家口地区农户土地流转意愿的转变尤为重要,可以根据当地实际情况,实施对应的政策,促进当地的土地流转。

十、不同地区调研样本农户流转意愿与行为对比分析

根据前文对不同地区农户的流转意愿与行为样本数据的关系分析,得出如下结论(表4-20),从表中看到,农户流转意愿与行为之间存在关联性的地区有沧州、承德、衡水、张家口,说明这四个地区农户的意愿某种程度上影响着农户土地流转行为的发生与否。保定、秦皇岛、石家庄、邢台、唐山五个地区农户的流转意愿与行为之间相互独立,说明农户的土地流转意愿还不能对其土地流转行为产生显著作用。

农户意愿与流转行为间存在的关联度受政策宣传力度的影响,宣传力度大,农户可以充分了解土地流转的意义以及自身的权益,根据需要选择是否进行土地流转;农户意愿转化为行为不仅是受到外界因素的制约,同时也与农户自身的原因有关,如有强烈的恋土情结或者是担心流转出的土地能否及时收回等,也会抑制其流转意愿向行为的转化。

表4-20　不同地区农户流转意愿与行为分析结果汇总

流转行为 * 意愿	地区
关联	沧州、张家口、承德、衡水
独立	保定、秦皇岛、石家庄、邢台、唐山

进一步分析可以看到,沧州、衡水、张家口三个地区农户的土地流转与意愿之间有关联性,但是存在过半数有意愿流转土地的农户未进行土地流转,可能是与农户的自身原因有关,或者与所处地形有关,处于山地地区土地流转的难度也会比较大,但具体原因需要做进一步分析。

保定、秦皇岛、石家庄、邢台、唐山的农户土地流转意愿与行为之间的相关关系并不显著,也就是说农户的意愿还没有显著影响到其土地流转的行为。通过上一节的分析可以得知,样本数据中保定市流转土地的农户占比最小。

秦皇岛之所以流转意愿与行为之间相互独立是由于无论农户是否有流转意愿,三分之一以上的农户都发生了土地流转行为。这与秦皇岛近几年渔业与旅游业的快速发展或许有关,大部分农户选择流转土地从而以渔业为生,或者转入旅游业。

石家庄和邢台两地的土地流转意愿与行为相互独立,样本中石家庄与邢台两地进行土地流转的农户占少数,应分析和挖掘影响石家庄与邢台两地土地流转行为的因素,以促进土地流转政策的实施。

唐山的土地流转意愿与行为相互独立,并且唐山市农户的土地流转完成率较低,应对影响农户流转土地的直接因素展开研究。

第三节　不同地形区域农户流转意愿与行为相关分析

一、平原地区调研样本农户流转意愿与行为的列联分析

为了探索不同地形下农户的流转意愿与流转行为间是否有关系,将所有调研数据整合,从中选出平原地区的数据导入 SPSS 进行分析,得到如下结果(表4-21),共有 2307 条数据,其中缺失数据共有 106 条,未缺失数据有 2201 条。

表4-21　平原地形下农户流转意愿与行为案例处理情况摘要

	有效		缺失		合计	
流转行为＊意愿	2201	95.4%	106	4.6%	2307	100%

表 4-22 是平原地形下农户流转意愿与行为样本数据的交叉表,调研数据显示平原地形下,在愿意进行土地流转的农户中,进行了土地流转的占比为 19.5%,未进行过土地流转的占比为 80.5%;在没有流转土地意愿的农户中,进行过土地流转的占比为 18.3%;然而在对土地流转持无所谓态度的农户中,进行土地流转的占比最高为 20.6%。平原地形下农户的流转意愿与行为卡方检验结果的统计量为 0.389,渐进 Sig 值为 0.823,明显大于显著性水平 0.05,没有充分的理由拒绝原假设,认为平原地形下农户的流转意愿与行为没有显著关系,即平原地形下农户的土地流转意愿不会显著影响到农户的土地流转行为。

表 4-22　平原地形下农户流转意愿与行为交叉表　　　　（%）

		流转行为		合计
		发生	未发生	
流转意愿	愿意	19.5	80.5	100.0
	不愿意	18.3	81.7	100.0
	无所谓	20.6	79.4	100.0
合计		19.4	80.6	100.0
显著性检验		$\chi^2 = 0.389$　　df=2　　sig=0.823		

此外,根据调研数据可以看到,对土地流转持无所谓态度的农户进行土地流转的比例最大,可见对于持无所谓态度的农户进行一定的引导,其土地流转意愿容易向土地流转行为转变。

二、山地区域调研样本农户流转意愿与行为的列联分析

分析结果如表 4-23 所示,首先得到山区地形下农户的流转意愿与行

为的案例摘要,未缺失数据为 914 条。

表 4-23　山区地形下农户流转意愿与行为案例处理情况摘要

	有效		缺失		合计	
流转行为 * 意愿	914	99.3%	6	0.7%	920	100%

表 4-24 所示的为山区地形下农户的流转意愿与行为样本数据交叉表。交叉表显示山区地形下,在有土地流转意愿的农户中,进行了土地流转的占比为 39.5%;在没有土地流转意愿的农户中,未发生土地流转的农户占比为 85.7%,可以看到山区地形下农户的土地流转意愿与行为之间存在较高的关联度。通过对样本数据的列联分析可以得到,山区地形农户土地的流转意愿与流转行为卡方检验结果的统计量为 53.119,渐进 Sig 值为 0,明显小于显著性水平 0.05,故有充分的理由拒绝原假设,认为山地地形农户的土地流转意愿与土地流转行为有着显著的相关关系,即山地区域农户的土地流转行为受其土地流转意愿的影响。

表 4-24　山区地形下农户流转意愿与行为交叉表　　　　（%）

		流转行为		合计
		流转	未流转	
流转意愿	愿意	39.5	60.5	100.0
	不愿意	14.3	85.7	100.0
	无所谓	26.5	73.5	100.0
合计		19.4	80.6	100.0
显著性检验		$\chi^2 = 53.119$　　df = 2　　sig = 0.000		

结果来看,农户总体土地流转行为较少,这与山地地形下农户收入渠道

相对较少有关,应重视对山区地形下农户的宣传,让农户了解土地流转政策,减少流转中的顾虑;其次加强对持无所谓态度农户的宣传,从调研结果看出无所谓土地流转的农户进行了土地流转的比重相对较高,引导这部分农户进行土地流转的空间较大。

三、丘陵地区调研样本农户流转意愿与行为的列联分析

丘陵地形下农户的流转意愿与农户的流转行为相关性分析结果如下:

首先得到山区地形下农户的流转意愿与行为的案例摘要,未缺失数据为246条。

表4-25　丘陵地形下农户流转意愿与行为案例处理情况摘要

	有效		缺失		合计	
流转行为 * 意愿	246	100%	0	0%	246	100%

表4-26所示的丘陵地形下农户的流转意愿与行为样本数据交叉表,调研数据显示,在丘陵地形区域有土地流转意愿的农户中,发生土地流转的农户占比为34.8%,在不愿意进行土地流转的农户中,未发生土地流转的农户占比为77.5%,可以看到丘陵地形下农户的土地流转意愿与行为之间的关联性较为显著。通过对样本数据的列联分析可以得到,丘陵地形农户的土地流转意愿与流转行为卡方检验结果的统计量为22.063,渐进Sig值为0,明显小于显著性水平0.05,故有充分的理由拒绝原假设,认为丘陵地形农户的土地流转意愿与土地流转行为有着显著的相关关系,即丘陵地形农户的土地流转行为受其土地流转意愿的影响。

表 4-26　丘陵地形下农户流转意愿与行为交叉表　　　（%）

		流转行为		合计
		流转	未流转	
流转意愿	愿意	34.8	65.2	100.0
	不愿意	22.5	77.5	100.0
	无所谓	7.4	92.6	100.0
合计		22.4	77.6	100.0
显著性检验		$\chi^2 = 22.063$　　df = 2　　sig = 0.000		

调研数据显示,整体上农户进行土地流转所占比例为 22.4%,占比较小,说明丘陵地形下农户的土地流转比率还有较大的提升空间;而且农户有土地流转意愿并流转了土地的仅占有流转土地意愿的 34.8%,没有进行土地流转的农户占大多数。

四、平原、山区与丘陵地区调研样本农户流转意愿与行为分析结果对比

不同地形区域土地流转意愿和土地流转行为之间的关系表现出不同特点,因此土地流转中土地流转租金、流转期限、后期管理等均应充分考虑地形差异,体现自然地貌特色。

根据前文对不同地形下农户流转意愿与行为样本数据的分析可以得到如下结果(表 4-27),从表中可以看到平原地区的农户流转意愿与行为相互独立。根据上文结果可知,即使有流转意愿的农户实际流转了土地的也很少,而持无所谓态度的农户发生流转土地行为的较多。因此,应加大力度提高农户在平原区域进行土地流转的积极性。

山区地形农户土地流转意愿与土地流转行为相互关联,并且联系很强。

根据调研数据可以看到山地地区农户愿意并且进行了土地流转的很多,这可能与山地偏远,农户不好或不愿打理有关。

丘陵地形下的农户土地流转意愿与土地流转行为相互关联,但丘陵地区愿意并且进行土地流转的农户占比不高,总体的农户土地流转率也较低,所以应加大对土地流转的宣传,制定适合丘陵地区农户的土地流转相关办法,让有意愿的农户将手中的土地流转起来。

表4-27　平原、山区与丘陵农户流转意愿与行为分信息结果汇总

地形	流转行为 ＊ 意愿
平原	独立
山地	关联
丘陵	关联

第四节　土地流转意愿、行为影响因素的筛选

影响农户土地流转意愿与行为的因素也是多样的,例如,土地的租金、土地规模等。本节应用SPSS软件,采用列联分析方法,探索影响农户土地流转意愿与行为的具体因素。以河北省资源环境现状调研数据为例,总结出可能影响土地流转意愿与行为的若干因素:农户的个人因素,包括种田收入占比,文化程度,家庭年收入,主要经济来源,土地归属认知;区位因素,包括村庄地形,村庄类别;流转条件中的流转时间;同村中已进行土地流转的农户,在此基础上进行相关系检验。

一、土地流转行为的相关分析

（一）种田收入占比与土地流转行为的相关分析

表4-28是河北省资源环境现状调研问卷数据的处理情况，共有844条数据，其中未缺失数据有752条，可以进行数据分析。

表4-28　种田收入占比与土地流转行为案例处理情况摘要

	有效		缺失		合计	
流转行为 * 种田收入占比	752	89.1%	92	10.9%	844	100.0%

从调研数据的分析结果来看，卡方统计量的值为6.877，对应的Sig值为0.143，大于给定的显著性水平0.05，因此认为农户的土地流转行为受农户种田收入占比的影响。

表4-29　种田收入占比与土地流转行为交叉表　　　　（%）

		种田收入占比					合计
		三成以下	三成	三到五成	五到七成	七成以上	
流转行为	未流转	44.7%	7.8%	11.3%	8.7%	27.5%	100.0%
	流转	37.1%	8.0%	11.3%	7.0%	36.6%	100.0%
合计		42.6%	7.8%	11.3%	8.2%	30.1%	100.0%
显著性检验		$\chi^2 = 6.877$　　df=4　　sig=0.143					

（二）文化程度与土地流转行为的相关分析

由表4-30看出，本次分析共有844条数据，其中未缺失数据为831条。

表 4-30　文化程度占比与土地流转行为案例处理情况摘要

	有效		缺失		合计	
流转行为 * 文化程度	831	98.5%	13	1.5%	844	100.0%

对文化程度与土地流转行为进行列联分析,结果如表 4-31,从调研问卷分析得出,卡方检验值为 5.897,Sig 值为 0.207,大于显著性水平 0.05,由此可认为文化与农户的土地流转行为相互独立。

表 4-31　文化程度与土地流转行为交叉表

		文化程度					合计
		小学以下	小学	初中	高中	大专 及以上	
流转行为	未流转	24.9%	22.9%	33.2%	12.5%	6.5%	100.0%
	流转	25.8%	25.3%	31.4%	14.8%	2.6%	100.0%
合计		25.2%	23.6%	32.7%	13.1%	5.4%	100.0%
显著性检验		$\chi^2 = 5.897$　df = 4　sig = 0.207					

（三）家庭年收入与土地流转行为的相关分析

对调查问卷进行整理,可以得到共有 844 条数据,未缺失数据 816 条。

表 4-32　家庭年收入与土地流转行为案例处理情况摘要

	有效		缺失		合计	
流转行为 * 家庭年收入	816	96.7%	28	3.3%	844	100.0%

在农户的土地流转行为与家庭年收入影响因素的分析中可以看到,卡

方检验的结果为 13.991,Sig 值为 0.007,小于给定的显著水平 0.05,即样本数据分析可以认为农户的土地流转行为受家庭年收入的影响。

表 4-33　家庭年收入与土地流转行为交叉表

		家庭年收入					合计
		一万元及以下	一万到三万元	三万到五万元	五万到七万元	七万元以上	
流转行为	未流转	26.9%	33.7%	20.4%	10.1%	8.9%	100.0%
	流转	40.2%	26.6%	16.2%	8.7%	8.3%	100.0%
合计		30.6%	31.7%	19.2%	9.7%	8.7%	100.0%
显著性检验		$\chi^2 = 13.991$　df = 4　sig = 0.007					

（四）主要经济来源与土地流转行为的相关分析

由表 4-34 可以看到,未缺失数据为 683 条,缺失的数据有 161 条,虽然缺失数据较多,但总体数据多,所以可以进行列联分析。

表 4-34　主要经济来源与土地流转行为案例处理情况摘要

	有效		缺失		合计	
流转行为 *主要经济来源	683	80.9%	161	19.1%	844	100.0%

通过对样本数据的列联分析,可以得到,卡方检验值为 4.47,Sig 值为 0.107,在 15% 的水平上通过显著性检验,认为农户的土地流转行为与农户的主要经济来源有关,即农户的土地流转行为受农户主要经济来源影响。

表 4-35 主要经济来源与土地流转行为交叉表

		主要经济来源			合计
		种植业	经商	打工	
流转行为	未流转	62.0%	14.0%	24.0%	100.0%
	流转	70.4%	10.1%	19.6%	100.0%
合计		64.4%	12.9%	22.7%	100.0%
显著性检验		$\chi^2 = 4.470$ df $= 2$ sig $= 0.107$			

（五）土地归属认知与土地流转行为的相关分析

对土地归属认知影响因素的研究中,共有 753 条未缺失数据。

表 4-36 土地归属认知与土地流转行为案例处理情况摘要

	有效		缺失		合计	
流转行为 ∗ 土地归属认知	753	89.2%	91	10.8%	844	100.0%

从农户土地归属认知与土地流转行为样本数据交叉表中,得到卡方检验值为 6.019,对应的 Sig 值为 0.198,大于给定的显著性水平 0.05,所以认为农户的土地归属认知与农户的土地流转行为相互独立。

表 4-37 土地归属认知与土地流转行为交叉表

		土地归属认知					合计
		国家	乡镇政府	村组集体	自己	不清楚	
流转行为	未流转	40.0%	1.3%	16.6%	38.1%	4.0%	100.0%
	流转	33.3%	0.4%	15.4%	46.5%	4.4%	100.0%
合计		38.0%	1.1%	16.2%	40.6%	4.1%	100.0%

	土地归属认知					合计
	国家	乡镇政府	村组集体	自己	不清楚	
显著性检验	$\chi^2 = 6.019$　df=4　sig=0.198					

（六）村庄地形与土地流转行为的相关分析

从表4-38得出,调研问卷中,村庄地形与土地流转行为的相关分析中未缺失数据为811条。

表4-38　村庄地形与土地流转行为案例处理情况摘要

	有效		缺失		合计	
流转行为 * 村庄地形	811	96.1%	33	3.9%	844	100.0%

从样本数据交叉表的分析结果来看,卡方检验值为23.269,Sig为0,小于给定的显著性水平0.05,故而可以认为村庄地形影响农户的土地流转行为。

表4-39　村庄地形与土地流转行为交叉表

		村庄地形			合计
		平原	山地	丘陵	
流转行为	未流转	87.8%	8.2%	3.9%	100.0%
	流转	74.1%	16.2%	9.6%	100.0%
合计		84.0%	10.5%	5.5%	100.0%
显著性检验		$\chi^2 = 23.269$　df=2　sig=0.000			

（七）村庄类别与土地流转行为的相关分析

村庄类别与土地流转行为的相关分析中,有效数据有 808 条。

表4-40　村庄类别与土地流转行为案例处理情况摘要

	有效		缺失		合计	
流转行为 *村庄类别	808	95.7%	36	4.3%	844	100.0%

从表4-41 结果来看,村庄类别与土地流转行为列联分析的卡方检验值为6.663,Sig 值为0.01,小于给定的显著性水平0.05,即样本数据分析认为村庄类别是农户土地流转行为的影响因素之一。

表4-41　村庄类别与土地流转行为交叉表

		村庄类别		合计
		城郊村	农村	
流转行为	未流转	14.1%	85.9%	100.0%
	流转	7.5%	92.5%	100.0%
合计		12.3%	87.7%	100.0%
显著性检验		$\chi^2 = 6.663$　df = 1　sig = 0.010		

（八）流转时间与土地流转行为的相关分析

由表4-42 看到,流转时间与土地流转行为的相关研究中,未缺失数据有 700 条。

表 4-42　流转时间与土地流转行为案例处理情况摘要

	有效		缺失		合计	
流转行为 * 流转时间	700	82.9%	144	17.1%	844	100.0%

对流转时间与农户的土地流转行为样本数据进行列联分析,其中卡方检验值为 7.883,对应的 Sig 值为 0.048,小于给定的显著性水平 0.05,认为流转时间的长短影响农户的土地流转行为。

表 4-43　流转时间与土地流转行为交叉表

		流转时间				合计
		五年以下	五到十年	十年以上	一年一签合同	
流转行为	未流转	26.5%	17.0%	15.8%	40.8%	100.0%
	流转	23.2%	16.1%	24.6%	36.2%	100.0%
合计		25.4%	16.7%	18.6%	39.3%	100.0%
显著性检验		$\chi^2 = 7.883$　　df = 3　　sig = 0.048				

(九)同村中是否有农户流转土地与土地流转行为的相关分析

从表 4-44 中可以看到,未缺失数据有 830 条。

表 4-44　同村中是否有农户流转土地与土地流转行为案例处理情况摘要

	有效		缺失		合计	
流转行为 *同村中 是否有土地流转	830	98.3%	14	1.7%	844	100.0%

从对农户知否同村中其他农户有无流转土地与农户土地流转行为样本

数据的列联分析中,得到卡方检验的值为79.905,Sig值为0,故认为农户土地流转行为受同村中其他农户流转土地行为的影响。

表4-45　同村中是否有农户流转土地与土地流转行为交叉表

		同村中是否有土地流转		合计
		没有	有	
流转行为	未流转	32.6%	67.4%	100.0%
	流转	2.7%	97.3%	100.0%
合计		24.5%	75.5%	100.0%
显著性检验		$\chi^2=79.905$　df = 1　sig = 0.000		

二、土地流转意愿的相关分析

(一)种田收入占比与土地流转意愿的相关分析

由表4-46可知,种田收入占比与土地流转意愿的相关分析中,未缺失数据有665条,缺失数据有179条,由于样本足够大,故可以进行列联分析。

表4-46　种田收入占比与土地流转意愿案例处理情况摘要

	有效		缺失		合计	
流转意愿 * 种田收入占比	665	78.8%	179	21.2%	844	100.0%

在种田收入占比与土地流转意愿样本数据的列联分析中,卡方检验值为16.148,对应的sig值为0.04,小于显著性水平0.05,认为种田收入占比影响农户的土地流转意愿。

表 4-47　种田收入占比与土地流转意愿交叉表

		种田收入占比					合计
		三成以下	三成	三到五成	五到七成	七成以上	
流转意愿	愿意	40.8%	6.5%	10.8%	7.3%	34.8%	100.0%
	不愿意	34.2%	8.9%	14.2%	10.5%	32.1%	100.0%
	无所谓	48.0%	12.0%	13.3%	10.7%	16.0%	100.0%
合计		39.7%	7.8%	12.0%	8.6%	31.9%	100.0%
显著性检验		$\chi^2 = 16.148$　　df = 8　　sig = 0.040					

(二)文化程度与土地流转意愿的相关分析

表 4-48 表示,文化程度与土地流转意愿样本数据的列联分析中,未缺失数据有 714 条。

表 4-48　文化程度与土地流转意愿案例处理情况摘要

	有效		缺失		合计	
流转意愿 * 文化程度	714	84.6%	130	15.4%	844	100.0%

从对文化程度与农户的土地流转意愿样本数据的列联分析中得到,卡方检验值为 8.14,对应的 Sig 值为 0.42,大于给定的显著性水平 0.05,接受原假设,认为农户的文化程度与农户的土地流转意愿相互独立。

表4-49 文化程度与土地流转意愿交叉表

		文化程度					合计
		小学以下	小学	初中	高中	大专及以上	
流转意愿	愿意	27.3%	23.8%	31.0%	13.2%	4.6%	100.0%
	不愿意	21.8%	25.9%	35.0%	13.2%	4.1%	100.0%
	无所谓	27.1%	15.3%	31.8%	18.8%	7.1%	100.0%
合计		25.8%	23.4%	32.2%	13.9%	4.8%	100.0%
显著性检验		$\chi^2 = 8.140$ df=8 sig=0.420					

（三）家庭年收入与土地流转意愿的相关分析

表4-50表明，家庭年收入与土地流转意愿的分析中，未缺失数据有702条。

表4-50 家庭年收入与土地流转意愿案例处理情况摘要

	有效		缺失		合计	
流转意愿 * 家庭年收入	702	83.2%	142	16.8%	844	100.0%

根据对农户家庭年收入与土地流转意愿样本数据的列联分析，得出其卡方检验值为21.864，Sig值为0.005，小于给定的显著性水平0.05，认为农户的家庭年收入影响农户的土地流转意愿。

表 4-51　家庭年收入与土地流转意愿交叉表

		家庭年收入					合计
		一万元及以下	一万到三万元	三万到五万元	五万到七万元	七万元以上	
流转意愿	愿意	36.6%	28.8%	16.8%	9.7%	8.0%	100.0%
	不愿意	26.8%	40.7%	17.0%	8.8%	6.7%	100.0%
	无所谓	23.5%	29.4%	27.1%	5.9%	14.1%	100.0%
合计		32.3%	32.2%	18.1%	9.0%	8.4%	100.0%
显著性检验		$\chi^2 = 21.864$　　df = 8　　sig = 0.005					

（四）主要经济来源与土地流转意愿的相关分析

由表 4-52 可以看到，主要经济来源与土地流转意愿的相关分析中，未缺失数据有 608 条。

表 4-52　主要经济来源与土地流转意愿案例处理情况摘要

	有效		缺失		合计	
流转意愿 * 主要经济来源	608	72.0%	236	28.0%	844	100.0%

根据农户主要经济来源与农户土地流转意愿样本数据的列联分析，得出对应的卡方检验 Sig 值为 0.234，大于给定的显著性水平 0.05，认为农户的主要经济来源与农户的土地流转意愿相互独立。

表 4-53　主要经济来源与土地流转意愿交叉表

		主要经济来源			合计
		种植业	经商	打工	
流转意愿	愿意	68.8%	11.0%	20.2%	100.0%
	不愿意	69.4%	10.4%	20.2%	100.0%
	无所谓	55.6%	19.0%	25.4%	100.0%
合计		67.6%	11.7%	20.7%	100.0%
显著性检验		$\chi^2 = 5.562$　df = 4　sig = 0.234			

（五）土地归属认知与土地流转意愿的相关分析

由表 4-54 可知,土地归属认知与土地流转意愿的相关分析中,未缺失数据有 700 条。

表 4-54　土地归属认知与土地流转意愿案例处理情况摘要

	有效		缺失		合计	
流转意愿 * 土地归属认知	700	82.9%	144	17.1%	844	100.0%

对土地归属认知与土地流转意愿样本数据的列联分析可得,其卡方检验值为 29.288,Sig 值为 0,小于显著性水平 0.05,认为农户的土地归属认知影响农户的土地流转意愿。

表 4-55　土地归属认知与土地流转意愿交叉表

		土地归属认知					合计
		国家	乡镇政府	村组集体	自己	不清楚	
流转意愿	愿意	36.3%	1.4%	17.6%	42.9%	1.9%	100.0%
	不愿意	39.7%	0.5%	12.9%	41.8%	5.2%	100.0%
	无所谓	38.0%	1.3%	15.2%	31.6%	13.9%	100.0%
合计		37.4%	1.1%	16.0%	41.3%	4.1%	100.0%
显著性检验		$\chi^2 = 29.288$　df=8　sig=0.000					

（六）村庄地形与土地流转意愿的相关分析

由表 4-56 得出,村庄地形与土地流转意愿的相关分析中,未缺失数据有 698 条。

表 4-56　村庄地形与土地流转意愿案例处理情况摘要

	有效		缺失		合计	
流转意愿 * 村庄地形	698	82.7%	146	17.3%	844	100.0%

由村庄地形与农户土地流转意愿样本数据的列联分析可得,对应的卡方检验统计量的值为 6.198,Sig 值为 0.185,大于显著性水平 0.05,认为村庄地形与农户的土地流转意愿相互独立。

表 4-57　村庄地形与土地流转意愿交叉表

| | | 村庄地形 | | | 合计 |
		平原	山地	丘陵	
流转意愿	愿意	79.7%	13.5%	6.9%	100.0%
	不愿意	83.3%	10.9%	5.7%	100.0%
	无所谓	90.4%	4.8%	4.8%	100.0%
合计		81.9%	11.7%	6.3%	100.0%
显著性检验		$\chi^2 = 6.198$　df = 4　sig = 0.185			

（七）村庄类别与土地流转意愿的相关分析

从表 4-58 中得出，村庄类别与土地流转意愿的相关分析中，未缺失数据有 696 条。

表 4-58　村庄类别与土地流转意愿案例处理情况摘要

	有效		缺失		合计	
流转意愿 * 村庄类别	696	82.5%	148	17.5%	844	100.0%

根据村庄类别与土地流转意愿样本数据的列联分析，得出卡方检验值为 2.868，Sig 值 0.238，大于显著性水平 0.05，认为村庄类别与农户的土地流转意愿相互独立。

表 4-59　村庄类别与土地流转意愿交叉表

		村庄类别		合计
		城郊村	农村	
流转意愿	愿意	12.1%	87.9%	100.0%
	不愿意	10.9%	89.1%	100.0%
	无所谓	18.1%	81.9%	100.0%
合计		12.5%	87.5%	100.0%
显著性检验		$\chi^2 = 2.868$　df = 2　sig = 0.238		

（八）流转时间与土地流转意愿的相关分析

由表 4-60 可知，流转时间与土地流转意愿的相关分析中，未缺失数据有 658 条。

表 4-60　流转时间与土地流转意愿案例处理情况摘要

	有效		缺失		合计	
流转意愿 * 流转时间	658	78.0%	186	22.0%	844	100.0%

根据土地流转时间与农户的土地流转意愿样本数据的列联分析，可得其卡方检验统计量值为 38.346，Sig 值为 0，小于显著性水平 0.05，认为土地流转时间影响农户的土地流转意愿。

表4-61　流转时间与土地流转意愿交叉表

		流转时间				合计
		五年以下	五到十年	十年以上	一年一签合同	
流转意愿	愿意	24.6%	17.1%	25.3%	33.0%	100.0%
	不愿意	26.3%	16.4%	7.0%	50.3%	100.0%
	无所谓	30.6%	11.1%	9.7%	48.6%	100.0%
合计		25.7%	16.3%	18.8%	39.2%	100.0%
显著性检验		$\chi^2 = 38.346$　df＝6　sig＝0.000				

（九）同村中是否有农户流转土地与土地流转意愿的相关分析

通过表4-62可知，农户了解的同村中其他农户流转土地与农户的流转意愿分析中，未缺失数据有712条。

表4-62　同村中是否有农户流转土地与土地流转意愿案例处理情况摘要

	有效		缺失		合计	
流转意愿＊同村中是否有土地流转	712	84.4%	132	15.6%	844	100.0%

根据同村中是否有农户流转土地与土地流转意愿样本数据的列联分析，得出其卡方检验统计量值为11.597，Sig值为0.003，小于显著性水平0.05，认为同村中其他农户对土地的流转影响农户的土地流转意愿。

表4-63　同村中是否有农户流转土地与土地流转意愿交叉表

		同村中是否有土地流转		合计
		没有	有	
流转意愿	愿意	12.3%	87.7%	100.0%
	不愿意	20.8%	79.2%	100.0%
	无所谓	23.8%	76.2%	100.0%
合计		16.0%	84.0%	100.0%
显著性检验		$\chi^2 = 11.597$　df=2　sig=0.003		

通过分别对影响土地流转意愿与行为的因素进行相关分析,确定影响农户流转土地的因素有:家庭年收入、主要经济来源、村庄地形、村庄类别、流转时间、同村中是否有农户流转土地;影响农户土地流转意愿的影响因素有:种田收入占比、家庭年收入、土地归属认知、流转时间、同村中是否有农户流转土地。

第五节　土地流转意愿与重要影响因素的对应分析

本节基于SPSS软件依据样本数据对影响土地流转意愿的重要因素进行对应分析,以分析这些因素对农户土地流转意愿产生的具体作用。

一、农户流转意愿与种田收入占比的对应分析

从图4-1可以看出,调研样本中种田收入占比为三成以下与七成以上的农户更倾向于愿意进行土地流转,而种田收入占比在三成到七成的农户

往往没有进行土地流转的意愿。种田收入占比高的农户更有流转土地的意愿,实行土地的规模化管理进而提高自己的收益;而种田收入占比三成以下的农户,更愿意专心农田以外的事业。这表明,农户种田收入占比为三成以下与七成以上对于农户意愿土地流转起到了较大的推动作用。

行和列点
对称的标准化

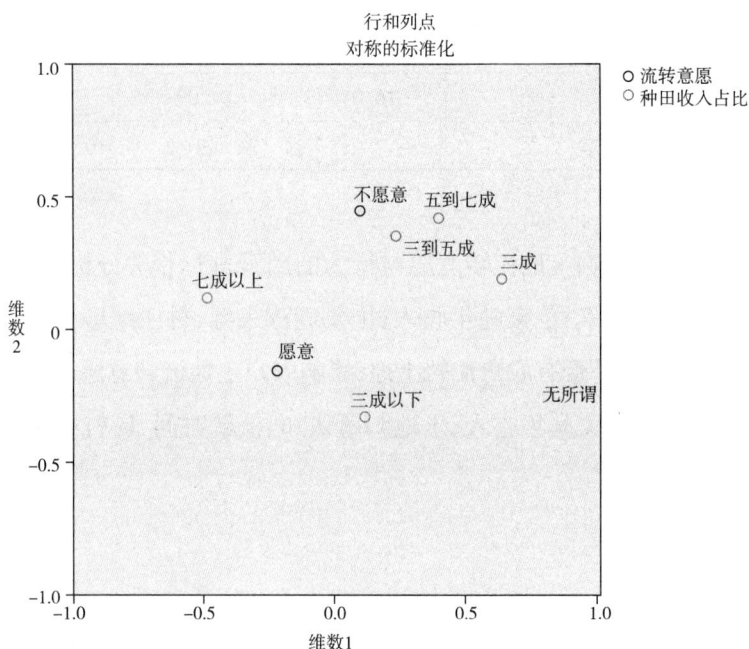

图4-1 农户流转意愿与种田收入占比的对应分析图

二、农户流转意愿与家庭年收入的对应分析

通过图4-2可以清晰地看到,调研样本中家庭年收入在一万到三万的农户不愿意进行土地流转,收入在五万到七万与一万以下的农户更倾向于愿意进行土地流转,收入在三万到五万与七万元以上的农户不在乎他们是

否进行土地流转。通过意愿与家庭年收入的对应分析,得到样本中农户的土地流转意愿在家庭年收入的影响下划分较为明显。

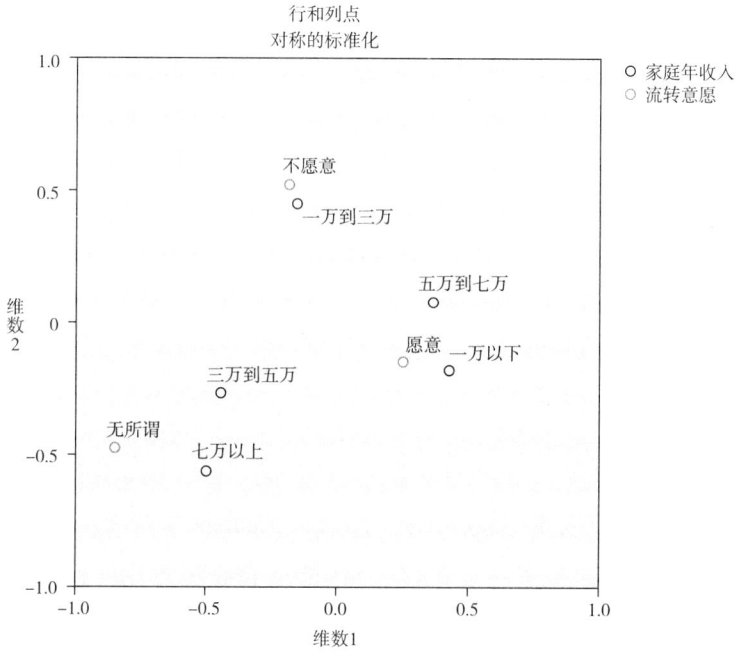

图4-2　农户流转意愿与家庭年收入的对应分析图

第五章　农村土地流转意愿与
行为的影响因素分析

随着农业的不断发展,土地流转问题受到了持续广泛的关注。土地流转的创新与完善是现代农业发展的奠基石,农户作为土地流转中的主体,其土地流转意愿向流转行为的有效转化是规范有序推进土地流转的关键一环。挖掘探索区域间土地流转意愿与流转行为影响因素及其差异,对规范有序推进土地流转,促进适度规模经营,推进农业现代化发展具有重要的意义。

本章以实地调研数据为数据基础,在上一章影响因素的相关分析基础上,筛选主要相关影响因素,使用 Logistic 回归模型,实证分析了河北省农户土地流转意愿与流转行为的影响因素,并进一步深入研究不同空间、不同地形条件、生态补偿等方面农户土地流转意愿与流转行为的影响因素,通过横向和纵向对比挖掘地域间影响因素的异同点,为有针对性地制定促进土地流转措施提供可靠的现实依据。

第一节　土地流转意愿与行为影响变量的筛选

一、数据来源与预处理

本次调研数据主要基于"贫困山区县农村土地流转与土地承包权益调查""白洋淀流域资源环境与生态保护调研"和"河北省资源环境现状调研"三次调研,调查问卷涉及了样本农户的个人特征、所在地特征、土地流转特征以及其他相关的主观认知问题。

选取问卷中相同的问题,将三次调研数据进行汇总,对缺失指标过多的样本进行删除,缺失指标较少的样本进行插补。本次研究插补数据主要根据相似样本的特点,对某些缺失数据进行补充,例如,对土地规模的补充是根据同一个村或镇的人均土地规模以及家庭人口数量进行填补,缺失的样本农户的文化水平则根据所采访的不同年龄阶段农户的文化水平插补,流转时间、租金、土地归属认知等则是根据农户有无流转行为,进行按比例循环插补等。

二、模型变量的选取

对于农户是否存在土地流转行为,1 表示是,0 表示否;对于农户是否愿意进行土地流转,有 3 种结果:愿意、不愿意、无所谓,对于持无所谓态度的样本农户,认为在经过相关有效的政策引导下,这部分农户愿意进行土地流转。1 表示农户愿意进行土地流转,0 表示农户不愿意进行土地流转。影响农户土地流转意愿与流转行为的因素较为复杂,基于本次实地调研和上一章影响因素的相关分析结论,并参考以往文献,本章主要从个人因素、区位因素、土地流转条件三个方面选取影响农户土地流转意愿与行为的因素。

各变量说明见表 5-1。变量选取后运用 SPSS 软件进一步展开模型分析。

表 5-1　变量说明

变量类型	变量名称	变量说明
因变量	流转行为	是 = 1;否 = 0
	流转意愿	愿意 = 1;不愿意 = 0
个人因素	年龄	数值变量
	文化程度	小学以下 = 1;小学 = 2;初中 = 3;高中 = 4;大专及以上 = 5
	性别	男 = 1;女 = 2
	种田收入占比	3 成以下 = 1;三成 = 2;3—5 成 = 3;5—7 成 = 4;7 成以上 = 5
	主要经济来源	种植业:是 = 1;否 = 0
		养殖业:是 = 1;否 = 0
		经商:是 = 1;否 = 0
		外出打工:是 = 1;否 = 0
		其他:是 = 1;否 = 0
	家庭人口数	数值变量
	土地规模	数值变量
	土地归属认知	国家 = 1;乡镇政府 = 2;村组集体 = 3;自己 = 4;不清楚 = 5
	土地政策认识	听说过 = 1;没听说过 = 2;不清楚 = 3
区位因素	村庄地形	平原 = 1;山地 = 2;丘陵 = 3;山地 = 4
	村庄类别	城郊村 = 1;农村 = 2
流转条件	租金	500—1000 元 = 1;1000—1500 元 = 2;1500—2000 元 = 3;2000 元以上 = 4
	流转时间	5 年以下 = 1;5—10 年 = 2;10 年以上 = 3

第二节　土地流转意愿与行为的影响因素实证分析

基于调研数据,运用二元 Logistic 回归中的向前逐步回归法对土地流转意愿与流转行为影响因素进行分析,这种方法根据 Score 检验与概率似然比估计将解释变量由少到多逐个引入回归方程,可以避免模型过于复杂以及冗余因素影响。

一、基于二元 Logistic 模型的土地流转行为的影响因素分析

在农户的土地流转行为影响因素研究中,进入模型的解释变量有年龄、主要收入来源中的种植业、经商、打工、土地规模、土地归属认知、流转时间,即农户土地流转行为主要受这些因素影响。Hosmer 和 lemeshow 检验为 0.232>0.05,接受模型拟合效果无偏差的原假设,模型百分比矫正为 78.3%,说明模型预测效果良好。具体结果如表 5-2 所示。

表 5-2　农户土地流转行为的实证结果

		B	S.E,	Wals	Sig.	Exp(B)
个人因素	年龄	.011***	.004	7.786	.005	1.011
	种植业(否)	-.334***	.103	10.536	.001	.716
	经商(否)	.581***	.135	18.621	.000	1.788
	打工(否)	.259**	.104	6.275	.012	1.296
	土地规模	.045***	.008	29.432	.000	1.046
	土地归属认知(国家)			14.368	.006	
	乡镇政府	.175	.411	.181	.670	1.191
	村组集体	.430***	.162	7.023	.008	1.538
	自己	.274**	.110	6.173	.013	1.315
	不清楚	.722***	.240	9.068	.003	2.058

续表

		B	S.E,	Wals	Sig.	Exp（B）
流转条件	流转时间（5年以下）			8.041	.018	
	5—10年	.306***	.112	7.519	.006	1.358
	10年以上	.200	.122	2.693	.101	1.221
	常量	-2.492	.251	98.937	.000	.083

模型卡方 = 102.026, sig = 0.000；Cox & Snell R^2 = 0.037；Nagelkerke R^2 = 0.057；Hosmer 和 lemeshow 检验：卡方 = 10.490, sig = 0.232；模型百分比矫正:78.3%。

*** p<0.01, ** p<0.05, * p<0.1,（ ）内为参考类别。

（一）农户个人因素对土地流转行为的影响

农户的年龄、主要收入来源、土地规模、土地归属认知是影响农户土地流转行为的主要个人因素。

(1)年龄大的农户进行土地流转的概率较大。年龄的系数为 0.011,正向影响农户的土地流转行为,但单位年龄之间的差异并不大,即每增加一岁,该年龄段的农户会进行土地流转的概率增加 0.011,表示农户的年龄越大,其进行土地流转的概率越高。由于自身的劳动能力下降,年龄较大的农户多发生土地流出行为。

(2)以经商或打工为生的农户进行土地流转的概率较大。主要收入来源中,种植业、经商、打工三种收入来源会影响农户的土地流转行为,种植业的系数为负,相对于主要收入来源不是种植业的农户来说,收入来源为种植业农户进行土地流转的概率更低,仅为非种植业农户发生土地流转的0.716 倍。主要收入来源为种植业的农户的生产经营大多需要以土地为依托,意味着这部分农户的非农收入较少甚至没有,以种田为生的农户,为了维持基本生活需要,显然不会将其土地流转出去,同时河北省的土地流转规模还不太高,单一农户流入土地进行大范围的以种植为主的规模经营难度很大,因此主要收入来源为种植业对农户的土地流转行为产生负向影响;相对于主要收入来源不是经商和打工的农户来说,主要收入来源为经商和打工的系数分别为 0.581 和 0.259,均为正数,二者对农户的土地流转行为产生正向影响,主要收入来源为经商和打工的农户,一方面没有更多的时间与精力再经营自己的土地,另一方面经商和打工收入可能比自己经营土地收益更高,因此主要收入来源为经商或打工的农户发生土地流转的概率较高。

(3)土地规模大的农户进行土地流转的概率较大。土地规模的系数也为正数,表明农户拥有土地数量越多,越容易产生土地流转行为,一方面由于农户的土地越多,自己种植土地工作量越大,流转出去可以减轻劳作负担,土地过多,农户自身没有进行规模经营的条件,难以更好地经营土地,得到的收益可能不如流转出去时的收益大。另一方面,当土地规模增加到一定程度时候,土地大户根据当地条件流入土地,适度进行规模经营,这也降低了土地细碎化带来的生产经营难度,因此一定条件下农户拥有土地规模越多,越倾向于出现土地流转行为。

(4)农户对土地的归属认识不清影响到土地流转行为。土地归属认知中,以认为土地属于国家为参考类别,其他各类系数均为正数,但认为土地属于乡镇政府的系数并不显著,认为土地属于村组集体的系数为 0.274,流转概率也较高,高于认为土地属于自己的农户,不清楚土地归属的农户流转概率最高,这也表明了当前土地流转中,还有一定比例农户对土地归属认识不清楚的现状,农民对相关政策的认识还有待加强,这也是规范有序推进土地流转过程中需要解决的问题。

(二)土地流转条件对土地流转行为的影响

在本模型中,土地流转时间是土地流转条件中影响土地流转行为的唯一显著因素,以流转时间为 5 年以下为参考,流转时间为 5—10 年、10 年以上的系数分别为 0.306、0.2,其中流转时间为 10 年以上的系数不显著,流转时间为 5—10 年时,农户进行土地流转的概率最高,是 5 年以下的 1.358 倍,表示当流转双方约定流转时间是 5 到 10 年之间时,农户进行土地流转的概率最大,表明农户对流转期限的期望比较集中在 5 到 10 年,调研发现农户间自发进行的土地流转,例如流转给他人进行果蔬种植或中草药种植等,多以短期出租为主,对过长的土地流转时间存在顾虑。

二、基于二元 Logistic 模型的土地流转意愿的影响因素分析

对土地流转意愿影响因素依然选择使用向前逐步法的二元 Logistic 回归,进入模型的解释变量较多,包括性别、文化程度、种田收入占比、土地归属认知、土地政策认识、村庄地形、流转时间和租金。Hosmer 和 lemeshow 检验为 0.871>0.05,接受模型拟合效果无偏差的原假设,模型百分比矫正为 71.1%,说明模型预测效果良好,具体结果如表 5-3 所示。

表 5-3　流转意愿的二元 Logistic 选择模型的实证结果

		B	S.E,	Wals	Sig.	Exp(B)
个人因素	性别(女)	.196**	.089	4.863	.027	1.216
	文化程度 (小学以下)			15.517	.004	
	小学	−.052	.143	.130	.718	.950
	初中	.224*	.139	2.577	.108	1.251
	高中	.417**	.174	5.752	.016	1.517
	大专及以上	.506*	.261	3.763	.052	1.658
	种田收入占比 (三成以下)			21.487	.000	
	三成	−.209	.131	2.529	.112	.811
	三到五成	−.394***	.132	8.910	.003	.674

续表

		B	S.E,	Wals	Sig.	Exp（B）
个人因素	五到七成	-.569***	.136	17.497	.000	.566
	七成以上	-.323**	.140	5.314	.021	.724
	土地规模	-.027***	.007	13.007	.000	.974
	土地归属认知（国家）			33.786	.000	
	乡镇政府	-.207	.373	.307	.580	.813
	村组集体	-.396**	.160	6.099	.014	.673
	自己	-.585***	.103	32.084	.000	.557
	不清楚	-.663***	.232	8.194	.004	.515
	土地政策认识（不清楚）			17.807	.000	
	听说过	.434***	.103	17.805	.000	1.544
	没听说过	.216*	.113	3.688	.055	1.242
区位因素	村庄地形（丘陵）			9.460	.009	
	平原	-.487***	.188	6.715	.010	.614
	山地	-.285	.200	2.036	.154	.752
流转条件	流转时间（5年以下）			19.846	.000	
	5—10年	.421***	.107	15.371	.000	1.523
	10年以上	.366***	.116	10.035	.002	1.442
	租金（500—1000元）			15.781	.001	
	1000—1500元	.028	.133	.044	.833	1.028
	1500—2000元	-.234*	.142	2.725	.099	.792
	2000元以上	-.404***	.146	7.671	.006	.667
	常量	.806	.326	6.103	.013	2.239

模型卡方 = 193.036，sig = 0.000；Cox & Snell R^2 = 0.069；Nagelkerke R^2 = 0.099；Hosmer 和 lemeshow 检验：卡方 = 3.841，sig = 0.871；模型百分比矫正：71.1%。

*** p<0.01，** p<0.05，* p<0.1，（ ）内为参考类别。

（一）农户个人因素对土地流转意愿的影响

从表5-3可以看出，农户个人因素中性别、文化程度、种田收入占比、土地归属认知、土地政策认识是影响土地流转意愿的主要个人因素。

1. 男性比女性更愿意参与土地流转。以女性为参考类别，男性的系数为0.196，表示男性的流转意愿更强烈，在农村由于男性多出门打工，男性相对于女性接触的外界知识可能性更大，因此性别差异影响了农户的土地流转意愿。

2. 文化程度越高农户的土地流转意愿越强烈。文化程度中，以小学以下为参考，文化程度为小学的系数为负数，但不显著，其他三类的系数均为正数，且随着文化程度的提高，相较于文化程度为小学以下的农户，农户愿意参与土地流转的概率增加，表明文化程度越高，农户流转意愿越强烈，文化程度较高的农户就业选择机会较多，相应的收入来源比较广泛，不再单以种田为生，若农户有其他固定工作和收入来源，其经营管理土地的时间与精力会相应减少，因此文化程度较高的农户，更愿意进行土地流转。

3. 种田收入占比越高，农户的土地流转意愿越不强烈。相较于种田收入占比为三成以下的农户，种田收入占比分别为三成、三到五成、五到七成、七成以上的系数均为负数，表示种田收入占比对土地流转意愿产生负向影响，种田收入占比高于三成的农户，其愿意进行土地流转的概率均低于种田收入占比为三成的农户。其中，种田收入占比为五到七成以上的农户愿意进行土地流转的概率最低，仅为种田收入占比三成以下的农户的一半，各类系数总体呈现类似 U 形曲线变化，随着种田收入占比的增加，农户的非农收入就越少，因而不愿意将土地流转出去，种田收入占比为七成以上的农户，部分是流转大户，大规模种植作物，必要时候需要流入土地进行耕作，流转意愿有所上升。

4. 农户对土地政策的认识程度影响其土地流转意愿。农户对土地归属认知问题上,相比较于认为土地属于国家,其他类别的系数均为负数,对土地归属认识不清晰,会降低农户的土地流转意愿。土地流转政策的认识问题上,以不清楚土地流转政策的农户为参考,听说过和没听说过的系数为正,但听说过土地流转政策的农户愿意流转土地的概率明显高于没听说过土地流转政策的农户,表明有效宣传土地流转政策,让农户对土地流转政策正确认识并充分理解,有利于提高农户的土地流转意愿。

(二)区位因素对土地流转意愿的影响

区位因素中只有村庄地形影响了土地流转意愿,生活在不同地形区域的农户土地流转意愿不同。村庄地形为平原的系数为−0.487,相对于生活在丘陵区的农户,平原调研地区的农户更不愿意进行土地流转,平原区的土地多数较为平坦肥沃,长期以耕种为生的思维难以短时间改变。村庄地形为山地的系数也为负数,但不显著。

(三)土地流转条件对土地流转意愿的影响

(1)愿意进行土地流转的农户偏好5—10年的流转时间。土地流转的时间以5年以下为参考类别,流转时间为5—10年、10年以上的系数分别为0.421、0.366,均为正值,且在1%的显著性水平下都显著,即相对于流转时间5年以下,流转时间的增加,会提高农户的土地流转意愿,流转时间为5—10年、10年以上农户愿意进行土地流转的概率分别是流转时间5年以下愿意进行土地流转的1.523和1.442倍,说明农户最愿意接受的土地流转时间为5—10年,其次为10年以上。土地流转时间较短时,反复的交易增加了流转双方的时间成本和搜寻成本,农户更愿意进行较长时间的土地交易。但是时间过长,也不利于提高农户的流转意愿,因为土地流转时间过长,会出现已经流转出土地的农户容易产生自己想再经营难度大等顾虑,通过分析调查问卷这也是农户不愿意进行土地流转的原因之一,若土地流转时间过长,农户考虑到流转权益问题、对土地使用质量的问题以及长期成本的投资收益问题等,在长期的流转时间下,农户的土地流转意愿有所降低,分析发现农户最愿意接受的土地流转时间为5—10年,此时农户的土地流转意愿也较高。

（2）租金的增加对提高农户参与土地流转的意愿具有负向影响。土地的租金对农户的土地流转意愿产生一定的影响,相对于租金为500—1000元时,只有租金为1000—1500元为正数,但此类别系数并不显著,其余类别均为负数,表示租金对土地流转有负向影响,租金增加会降低农户进行土地流转的概率。租金过高,对土地流出一方比较有利,但会影响普通农户之间的土地流转交易,土地流入方不愿意承担过高的租金,租金为500—1000元,农户愿意进行土地流转的概率最高。

通过对调研区域农户土地流转意愿与流转行为的影响因素研究,可以发现,农户土地流转行为和流转意愿存在不匹配的现象,有流转意愿的农户比例较高,但实际有土地流转行为的农户比例较低。进一步研究农户的土地流转行为和流转意愿的影响因素发现,二者的影响因素不尽相同。土地流转行为主要受年龄、主要收入来源、土地规模、土地归属认知和流转时间影响,拥有土地规模较大的农户进行土地流转的概率较高。而影响土地流转意愿的因素较多,主要有农户的文化程度、种田收入占比、土地归属认知、对土地政策的认识、土地流转时间、租金和村庄地形等。研究结果也表明,要促进农户的土地流转意愿转化为流转行为,首先要从土地流转意愿方面入手,农户文化水平的提高、收入来源的多样化、清晰正确地理解相关土地政策,以及土地流转双方提供合理的土地流转时间和租金,有利于提高农户的土地流转意愿。农户自身能力的提高,也会直接反映在收入上,进而影响流转行为。

第三节　不同空间下土地流转意愿与
行为的影响因素分析

本次调研数据主要基于"贫困山区县农村土地流转与土地承包权益调查""白洋淀流域资源环境与生态保护调研"和"河北省资源环境现状调研"三次调研,"贫困山区县农村土地流转与土地承包权益调查"的调查范围为河北省的贫困地区,"白洋淀流域资源环境与生态保护调研"的调查范围为河北省白洋淀流域,"河北省资源环境现状调研"的调研范围为河北省的省级重要湿地地区,调研涉及的地区与调研对象存在差异,三次调研的土地流转意愿与流转行为的影响因素也可能存在差异,对此,针对各调研区土地流转意愿与流转行为的不同情况,本节将依据调研的样本数据进一步探究土地流转意愿与流转行为影响因素在空间上的异质性。

一、不同调研空间土地流转意愿与行为的对比分析

根据第三章第四节的介绍,可以发现,三个调研区域的土地流转情况既有共同点也存在差异,三个调研区域的农户实际有土地流转行为的比例都较低,很多农户没有实际土地流转行为。但是其流转意愿却相对较为强烈,三个调研区域选择愿意进行土地流转的农户比例均高于选择不愿意进行土地流转的农户比例,基于调研区域农户对土地流转态度的差异,对比分析当地农户愿意进行土地流转以及不愿意进行土地流转的原因,结果如下。

图 5-1 结果显示,在愿意进行土地流转的农户中,三个调研区域样本中选择"自己耕种成本高、辛苦、收入低"的比例最高,省级重要湿地地区、

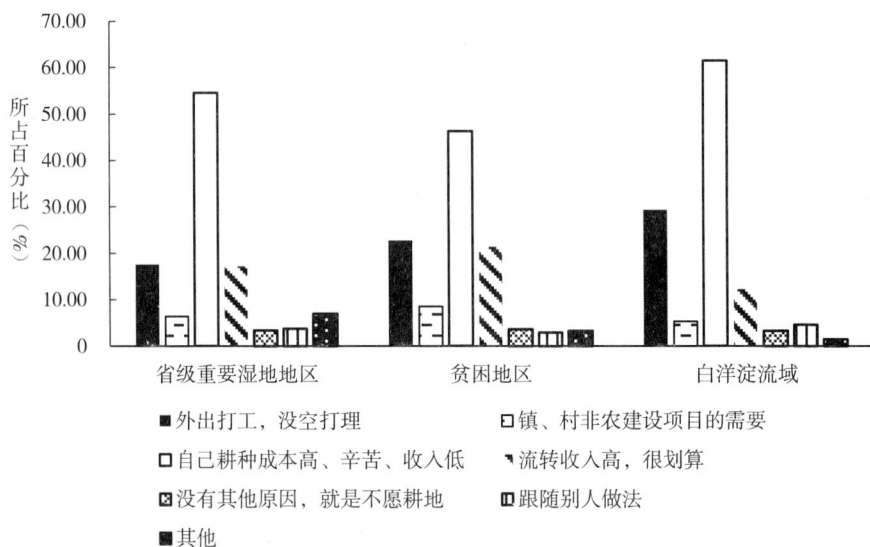

图 5-1　愿意进行土地流转的原因对比

贫困地区、白洋淀流域分别有 54.53%、46.36%、61.50% 的农户选择该选项;其次,"流转收入高、很划算""外出打工、没空打理"所占比例在 10%—30%,其余几个原因所占比例均在 10% 以下。湿地地区愿意进行土地流转的比例最高,超过半数愿意进行土地流转的农户认为自己耕种土地时成本极高但收入却低,17.23% 的农户认为"流转收入高,划算"。值得注意的是在白洋淀流域愿意进行土地流转的农户中,除了认为自己耕种成本高、辛苦且收益低,另一重要原因是外出打工,没空打理,多样的收入来源解决了以种植为生的后顾之忧,对提高农户的土地流转意愿有促进作用。从三个调研区域选择愿意进行土地流转的原因也可以看出,土地流转能否顺利进行的一个重要原因是农户自己经营土地的收益大小,虽然国家出台了一系列惠农政策,但耕种成本也在增加,如果农户认为进行土地流转得到的收益高于自己经营所得,则更倾向于选择进行土地流转。

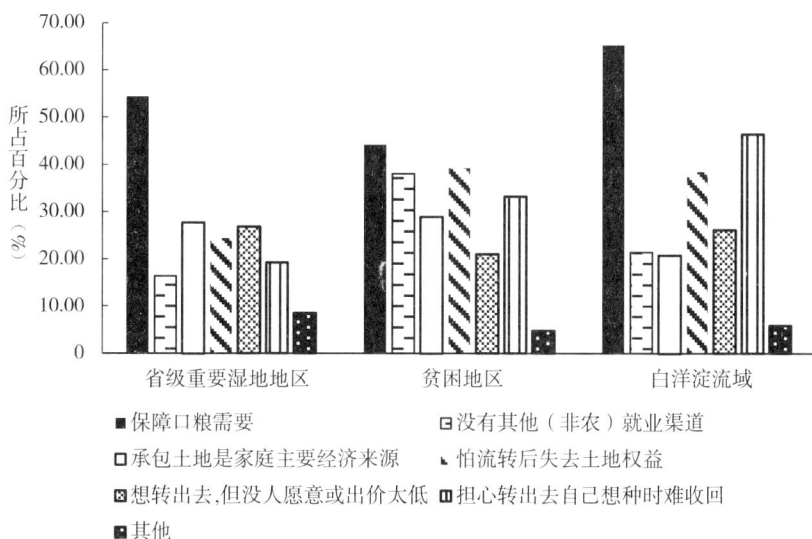

图 5-2　不愿意进行土地流转的原因

由图 5-2 可知,农户不愿意进行土地流转的原因是多样的。三个调研区域样本中选择"保障口粮需要"的比例最高,"没有其他(非农)就业渠道""承包土地是家庭主要经济来源""担心流转后失去土地权益""想流转出去,但没人愿意或者出价太低""担心转出去自己想种时难收回"所占比例较为均衡。贫困地区的农户不愿意进行土地流转的比例最高,他们不愿意进行土地流转,主要是因为需要保证口粮的需要,由于缺乏非农就业渠道,为了保障基本生活需要,同时考虑到土地流转出去后的权益保障问题,贫困地区的农户不愿意进行土地流转,这也符合目前河北省贫困地区的发展现状。从表中也可以发现,很多农户不愿意进行土地流转与流转后的土地权益问题有很大关系。从不愿意进行土地流转的原因来看,主要是个人生活保障以及土地权益原因影响土地流转,出于考虑农户自身生活需要、流转双方对土地预期收益的不确定性以及土地权益保障问题的担忧,部分农户不愿意进行土地流转。

二、不同调研空间土地流转意愿与流转行为影响因素的实证分析

（一）贫困地区农户土地流转意愿与行为的影响因素的实证分析

对贫困地区土地流转意愿与流转行为影响因素选择使用向前逐步法的二元 Logistic 回归，其中构建的土地流转行为影响因素模型中 Hosmer 和 lemeshow 检验为 0.509>0.05，土地流转意愿影响因素的模型中，Hosmer 和 lemeshow 检验为 0.064>0.05，均接受模型拟合效果无偏差的原假设，模型百分比矫正分别为 74%、73%，说明模型预测效果良好，具体结果如表5-4和表5-5所示。

1. 贫困地区农户土地流转行为影响因素的实证分析

表5-4　贫困地区土地流转行为影响因素实证结果

		B	S.E,	Wals	Sig.	Exp(B)
个人因素	种植业（否）	-.330*	.183	3.267	.071	.719
	经商（否）	.739***	.261	7.983	.005	2.093
	打工（否）	.549***	.182	9.108	.003	1.731
	土地规模	.026***	.009	8.154	.004	1.026
	土地归属认知（国家）			13.754	.008	
	乡镇政府	.060	.562	.012	.915	1.062
	村组集体	.145	.237	.373	.542	1.156
	自己	.660***	.206	10.275	.001	1.934
	不清楚	.825**	.339	5.924	.015	2.281
	土地政策认识（不清楚）			16.895	.000	
	听说过	.442**	.200	4.864	.027	1.555
	没听说过	-.443*	.234	3.592	.058	.642

续表

		B	**S.E,**	**Wals**	**Sig.**	**Exp（B）**
流转条件	流转时间 （5 年以下）			21. 249	.000	
	5—10 年	.698***	.193	13. 027	.000	2. 010
	10 年以上	.913***	.219	17. 438	.000	2. 491
	常量	−2. 113	.293	51. 910	.000	.121

模型卡方 = 89. 550, sig = 0. 000；Cox & Snell R^2 = 0. 106；Nagelkerke R^2 = 0. 152；Hosmer 和 lemeshow 检验：卡方 = 7. 259, sig = 0. 509；模型百分比矫正：74%。

*** $p<0.01$，** $p<0.05$，* $p<0.1$，（ ）内为参考类别。

农户个人因素和土地流转条件是影响河北省省级贫困地区农户土地流转行为的主要因素，包括主要收入来源为种植业、经商、打工，土地规模，土地归属认知，土地政策认识和流转时间。

（1）收入结构影响农户的土地流转行为。农户的主要收入来源为种植业、经商、打工的系数分别为−0.33、0.739、0.549，且显著性水平较高，主要收入来源为种植业的系数为负数，对农户的土地流转行为产生负向影响，而主要收入来源为经商和打工系数均为正数，说明收入来源为经商、打工的农户进行土地流转的概率较高，其中以经商为主要收入来源的农户进行土地流转的概率是非经商的农户的 2.093 倍。这两类农户不靠种田为生，对土地的依赖程度较低，经商的农户平时有生意需要打理，出门打工的农户家庭务农劳动力减少，因此主要收入来源为经商或者打工的农户进行土地流转的概率较高。

（2）土地规模大或对土地政策较为了解的农户参与土地流转的概率较大。农户拥有土地规模的系数也为正数，对土地流转行为有正向影响，农户拥有的土地每增加一亩，其进行土地流转的概率就会增加 0.026；农户对土地归属的认知问题上，不清楚土地归属和认为土地属于自己的农户进行土地流转的概率最高,这反映了河北省省级贫困县地区的农户对土地的所有权认识不清晰不正确的问题;相对于农户不清楚土地流转政策,听说过土地政策的系数为正,没听过土地流转政策的系数为负,但不显著,听说过土地流转政策,对土地流转政策认识清楚的农户进行土地流转的概率更大。

(3)土地流转时间长有助于省级贫困地区提高参与土地流转的积极性。土地流转条件中的流转时间对贫困地区农户的土地流转行为产生正向影响,其系数为正数,流转时间越长,农户会进行土地流转的概率越大,表明对河北省贫困地区的农户,长时间的土地流转合同更能吸引农户进行土地流转。

2. 贫困地区农户土地流转意愿影响因素的实证分析

表5-5 贫困地区土地流转意愿影响因素实证结果

		B	S.E,	Wals	Sig.	Exp(B)
个人因素	年龄	.028***	.009	9.386	.002	1.029
	文化程度（小学以下）			11.651	.020	
	小学	-.552*	.300	3.391	.066	.576
	初中	.088	.308	.082	.775	1.092
	高中	-.074	.341	.047	.829	.929
	大专及以上	.235	.458	.263	.608	1.265
	种植业（否）	-.419**	.179	5.487	.019	.658
	土地规模	-.029***	.009	9.491	.002	.972
	土地政策认识（不清楚）			24.886	.000	
	听说过	.952***	.200	22.642	.000	2.592
	没听说过	.702***	.201	12.234	.000	2.019

续表

		B	S.E,	Wals	Sig.	Exp（B）
区位因素	村庄地形（丘陵）			9.502	.009	
	平原	−.571**	.247	5.347	.021	.565
	山地	−.072	.275	.068	.795	.931
流转条件	租金（500—1000元）			8.002	.046	
	1000—1500元	.138	.235	.343	.558	1.148
	1500—2000元	−.027	.244	.012	.912	.973
	2000元以上	−.469*	.244	3.709	.054	.625
	常量	−.094	.671	.020	.888	.910

模型卡方 = 94.514，sig = 0.000；Cox & Snell R^2 = 0.111；Nagelkerke R^2 = 0.156；Hosmer 和 lemeshow 检验：卡方 = 14.773，sig = 0.064；模型百分比矫正：73%。

*** $p<0.01$，** $p<0.05$，* $p<0.1$，（ ）内为参考类别。

　　贫困地区农户的土地流转意愿主要受个人因素中的年龄、主要收入来源为种植业、文化程度、土地规模、对土地政策的认识，区位因素中的村庄地形，土地流转条件的租金几个因素的影响。

　　（1）农户年龄的增加、文化程度的提高、从事非种植业、土地规模小、了解土地流转政策的几类农户流转意愿将更为强烈。农户愿意进行土地流转的概率随年龄的增长而增加，文化程度中初中和大专以上的系数为正，文化程度的提高有助于提高农户的土地流转意愿；主要收入来源为种植业的系数为负数，土地是种植物的载体，以此为生的农户不愿意进行土地流转，这与主要收入来源为种植业对农户实际土地流转行为的影响是一致的；拥有土地规模的系数也为负数，贫困地区农户的生活水平不高，收入较低，非农就业渠道不广泛，主要还是以种田为生，当他们拥有的土地增加时，更希望通过自己耕种来提高收入，因此其拥有土地规模的系数为负数，拥有土规模的增加,农户参与土地流转的意愿会降低;农户对土地政策的认识的系数均为正数,农户对土地流转政策认识得越清晰,越愿意进行土地流转,听说过土地流转政策的农户愿意进行土地流转的概率是对土地流转政策不清楚农户的2.592倍。

(2)处在丘陵调研地区的农户流转意愿更强烈。村庄地形中平原的系数为-0.571,平原调研地区的农户相对于丘陵调研地区,其流转意愿更低,平原调研地区的土地耕作条件相较于丘陵调研区更具优势,农户的土地更愿意自己种植;山地的系数为-0.072,对农户土地流转意愿的影响不显著。

(3)农户的土地流转意愿没有随着租金的增加而提高。土地流转条件中,以500—1000元为参考,除1000—1500元的系数为正以外,其他类别的租金系数均为负数,但只有租金为2000元以上显著,其系数为-0.469,Exp(β)为0.625,表示当租金为2000元以上时,农户愿意参与土地流转的概率仅为当租金为500—1000元时农户愿意参与土地流转概率的0.625倍,租金增加虽然有利于土地供给方的利益,但是由于价格的不均衡,土地需求方并不愿意进行土地的流入,土地流转将难以实现,部分农户根据以往经验,租金的增加也不会提高农户的土地流转意愿。

3. 贫困地区农户土地流转意愿与流转行为的影响因素对比

通过对贫困地区农户的流转意愿与流转行为进行实证分析,可以发现贫困地区农户土地流转意愿与行为的影响因素有相同点同时也存在差异。主要收入来源为种植业负向影响土地流转意愿与行为,主要收入来源不同,对土地流转意愿与行为的影响不同,收入来源为经商或打工的农户实际发生土地流转的概率更高,但流转意愿并不受这两个因素影响;年龄和文化程度是农户客观特征的体现,这两个因素会影响土地流转意愿,但并未影响实际的土地流转行为;对土地流转政策能够清晰认识既可以提高农户的土地流转意愿,也可以增加农户实际产生土地流转行为的概率;土地规模正向影响农户的土地流转行为,但对土地流转意愿产生负向影响;对土地归属的认识这一因素显著影响农户的土地流转行为,而合理的流转时间会促进土地流转,但不影响流转意愿;在土地流转条件中,流转时间影响农户的土地流转行为,租金产生的预期收益会影响农户的土地流转意愿。

(二)白洋淀流域农户土地流转意愿与流转行为影响因素的实证分析

对白洋淀流域农户土地流转意愿与流转行为影响因素选择使用向前逐步法的二元 Logistic 回归,其中构建的土地流转影响因素模型和土地流转意愿影响因素模型中的 Hosmer 和 lemeshow 检验分别为 0.934 和 0.228,均大于 0.05,接受模型拟合效果无偏差的原假设,模型百分比矫正分别为 80.7%、71.1%,说明模型预测效果良好,具体结果如表 5-6 和表 5-7 所示。

1. 白洋淀流域农户土地流转行为影响因素的实证分析

表 5-6　白洋淀流域土地流转行为影响因素实证结果

		B	S.E,	Wals	Sig.	Exp(B)
个人因素	年龄	.011**	.005	5.301	.021	1.011
	种植业(否)	-.406***	.125	10.487	.001	.667
	经商(否)	.458***	.150	9.304	.002	1.581
	土地规模	.082***	.018	20.183	.000	1.086
流转条件	租金(500—1000 元)			12.097	.007	
	1000—1500 元	-.164	.170	.928	.335	.849
	1500—2000 元	-.181	.187	.939	.333	.834
	2000 元以上	-.719***	.219	10.802	.001	.487
	常量	-1.989	.299	44.269	.000	.137

模型卡方 = 60.428,sig = 0.000;Cox & Snell R^2 = 0.032;Nagelkerke R^2 = 0.051;Hosmer 和 lemeshow 检验:卡方 = 3.011,sig = 0.934;模型百分比矫正:80.7%。

*** p<0.01,** p<0.05,* p<0.1,( )内为参考类别。

在白洋淀流域,只有农户个人因素和土地流转条件对土地流转行为产生了显著影响。

(1)年龄越大、主要收入来源为非种植业或主要收入来源为经商、土地规模较大的四类农户参与土地流转的概率较高。农户的年龄对其土地流转行为产生正向影响,主要收入来源不同对农户的土地流转行为产生的影响不同,主要收入来源为种植业的农户相对于以非种植业为生的农户进行土地流转的概率更低,相反,主要收入来源为经商的农户进行土地流转的概率明显高于非经商的农户具有土地流转行为的概率;农户拥有土地规模的系数为 0.082,随着土地规模的增加正向影响农户的土地流转行为,即农户拥有的土地规模越大,越容易产生土地流转行为,农户拥有的土地每增加 1 亩,其具有土地流转行为的概率就增加 8.6%,这与总体土地流转行为趋势相同,农户自己耕种的精力有限,拥有的土地越多,越会选择将土地流转出去。

(2)租金的增加负向影响土地流转行为。以租金为 500—1000 元为参考类别,当租金为 1000—1500 元、1500—2000 元、2000 元以上时,其系数均为负数,当租金为 2000 元以上时,农户进行土地流转的概率仅为租金为 500—1000 元的 0.487 倍,这与整体样本上土地流转行为中租金对流转行为的影响趋势相同。

2. 白洋淀流域农户土地流转意愿影响因素的实证分析

表 5-7　白洋淀流域土地流转意愿影响因素实证结果

		B	**S.E,**	**Wals**	**Sig.**	**Exp(B)**
个人因素	文化程度 (小学以下)			17.635	.001	
	小学	.225	.166	1.833	.176	1.252
	初中	.384**	.160	5.784	.016	1.469
	高中	.779***	.211	13.675	.000	2.180

续表

		B	**S.E,**	**Wals**	**Sig.**	**Exp（B）**
个人因素	大学及以上	.854**	.353	5.852	.016	2.350
	种田收入占比 （三成以下）			21.343	.000	
	三成	-.351**	.153	5.246	.022	.704
	三到五成	-.435***	.168	6.706	.010	.647
	五到七成	-.685***	.173	15.726	.000	.504
	七成以上	-.405**	.167	5.860	.015	.667
	土地归属认知 （国家）			37.571	.000	
	乡镇政府	-.715	.520	1.896	.169	.489
	村组集体	-.859***	.226	14.485	.000	.423
	自己	-.742***	.128	33.384	.000	.476
	不清楚	-.995***	.321	9.599	.002	.370
区位因素	村庄地形 （丘陵）			6.945	.031	
	平原	-.754**	.328	5.264	.022	.471
	山地	-.571*	.336	2.892	.089	.565
流转条件	流转时间 （5年以下）			19.783	.000	
	5—10年	.492***	.133	13.655	.000	1.636
	10年以上	.459***	.137	11.190	.001	1.583
	常量	1.795	.364	24.274	.000	6.020

模型卡方 = 123.199,sig = 0.000;Cox & Snell R^2 = 0.063;Nagelkerke R^2 = 0.090;Hosmer 和 lemeshow 检验:卡方 = 10.058,sig = 0.228;模型百分比矫正:71.1%。

*** $p<0.01$,** $p<0.05$,* $p<0.1$,（ ）内为参考类别。

在土地流转意愿的研究中,影响因素较多,文化程度、种田收入占比、土地归属认知、村庄地形、流转时间都会影响白洋淀地区农户的土地流转意愿。

（1）文化程度高、种田收入占比低、认为土地属于国家的三类农户土地流转意愿较为强烈。文化程度对流转意愿的影响十分显著，文化程度相对较高的农户，其参与土地流转的意愿更为强烈，文化程度为高中和大专及以上的农户愿意进行土地流转的概率均达到了文化程度为小学的农户的2倍；相对于种田收入占比为三成以下，种田收入占比的各类系数均为负数，对农户的土地流转意愿产生负向影响，种田收入占比越高，农户越不愿意进行土地流转；农户对土地归属的认识相对于认为土地属于国家，认为土地属于乡镇政府的系数并不显著，对土地流转意愿没有显著影响，但认为土地属于集体以及自己或是不清楚土地归属的均为负数，也反映了部分农户存在对农村土地集体所有权认识不清，这也不利于提高了农户参与土地流转意愿的积极性。

（2）村庄地形是影响土地流转意愿的区位因素，丘陵调研地区农户的土地流转意愿最为强烈。研究结果表明，以丘陵调研地区为参考类别，平原调研地区和山地调研地区的系数均为负数，表示平原调研地区与山地调研地区的农户流转意愿均低于丘陵调研地区，平原调研地区的土地耕种条件较好，农户的流出意愿不高，山地调研地区相对最差，农户的流入意愿不强，丘陵调研地区耕种条件相对折中，综合流转双方的实际情况，该地的农户的流转意愿较为强烈。另外，比较三种地形区的农户流转意愿发现，丘陵调研地区农户的土地流转意愿最为强烈，其次为山地调研地区，平原调研地区的农户的土地流转意愿最低。

（3）流转时间为5—10年是农户最愿意接受的流转时间期限。土地流转意愿受土地流转条件中的流转时间的影响，各类流转时间的系数均为正数，说明流转时间较长时农户愿意参与土地流转的概率高于流转时间短时农户愿意参与土地流转的概率，流转时间的增加对土地流转意愿的提高有促进作用,当流转时间为5—10年时,农户的流转意愿最强烈,10年以上次之,表明白洋淀流域的农户也偏好流转时间较长的情况下进行土地流转。

3. 白洋淀流域农户土地流转意愿与流转行为的影响因素对比分析

白洋淀流域的土地流转意愿与行为的影响因素也存在显著差异。显著影响流转行为的因素有年龄、主要收入来源、土地规模和租金,而影响流转意愿的因素为文化程度、种田收入占比、土地归属认知和流转时间,可见流转行为与农户的年龄和土地规模这些客观因素存在息息相关,同时受收入和租金这类直接影响农户的经济情况的因素影响,而农户的流转意愿更加容易受农户的素质影响,例如文化程度和土地归属认知。在土地流转条件中,流转时间是影响农户土地流转意愿的主要因素,实际流转行为中农户则更加关注租金。二者的相似点在于流转行为受主要收入来源影响,流转意愿受种田收入占比影响,都与农户的收入有关。

(三)省级重要湿地地区农户土地流转意愿与流转行为的影响因素分析

对重要湿地地区农户的土地流转意愿与流转行为影响因素仍旧选择使用向前逐步法的二元 Logistic 回归,其中构建的土地流转模型和土地流转意愿模型中的 Hosmer 和 lemeshow 检验分别为 0.177 和 0.948,均大于 0.05,接受模型拟合效果无偏差的原假设,模型百分比矫正分别为 71.5%、72.7%,说明模型预测效果良好,具体结果如表5-8 和表5-9 所示。

1. 省级重要湿地地区农户土地流转行为影响因素分析

表5-8　省级重要湿地地区土地流转行为的影响因素实证结果

		B	S.E,	Wals	Sig.	Exp(B)
个人因素	土地规模	.034 ***	.007	22.136	.000	1.034

续表

		B	**S.E,**	**Wals**	**Sig.**	**Exp（B）**
区位因素	村庄类别 （农村）	−.608**	.271	5.055	.025	.544
	村庄地形 （丘陵）			11.611	.003	
	平原	−.505	.328	2.364	.124	.604
	山地	.283	.387	.533	.465	1.327
流转条件	租金 （500—1000 元）			14.619	.002	
	1000—1500 元	−.667***	.208	10.283	.001	.513
	1500—2000 元	−.449*	.257	3.066	.080	.638
	2000 元以上	−.642***	.229	7.894	.005	.526
	常量	−.288	.339	.718	.397	.750

模型卡方 = 90.112, sig = 0.000；Cox & Snell R^2 = 0.110；Nagelkerke R^2 = 0.152；Hosmer 和 lemeshow 检验：卡方 = 11.462, sig = 0.177；模型百分比矫正：71.5%。

*** $p<0.01$, ** $p<0.05$, * $p<0.1$,（）内为参考类别。

土地规模、村庄类别、村庄地形和租金是影响湿地地区农户土地流转行为的主要因素。

（1）土地规模正向影响省级重要湿地地区农户的流转行为。同省级贫困地区和白洋淀流域相同，农户持有的土地规模大小正向影响流转行为，农户家庭拥有的土地越多，其进行土地流转的概率越大。土地是农户间进行流转的载体，土地规模大，对流出方来说，如果家庭缺乏经营土地的劳动力或是规模经营的机械设备条件，就需要将土地流转出去；对流入方来说，土地规模的增加有利于降低解析恶化生产的成本。因此无论是对流出方还是流入方来说，当土地规模增加时其流转意愿都有所提高。

（2）生活在农村、村庄地形为山区的两类农户参与土地流转的概率最高。区位因素中，村庄类别显著影响农户的土地流转行为，以居住在农村的农户为参考类别,住在城郊村的农户具有土地流转行为的概率更低,概率接近农村住户的一半;而不同的村庄地形,对土地流转行为产生的影响也有所差异,农户进行土地流转的概率由高到低依次为:山地调研地区、丘陵调研地区和平原调研地区。

（3）当租金为500—1000元时,农户参与土地流转的概率最高。在土地流转条件方面,租金是影响农户土地流转行为的主要因素,租金的系数均为负数,表示租金对土地流转有负向影响,租金过高,对土地流出一方比较有利,但会影响普通农户之间的土地流转交易,租金高于实际土地可以带来的收益就会阻碍交易,土地流入方不愿意承担过高的租金,双方难以达成共识,租金越高农户越难以进行土地流转,当租金为500—1000元,农户进行土地流转的概率最高。

2. 省级重要湿地地区农户土地流转意愿的影响因素分析

表5-9　省级重要湿地地区土地流转意愿的影响因素实证结果

		B	S.E,	Wals	Sig.	Exp（B）
个人因素	种植业（否）	-.420**	.176	5.710	.017	.657
流转条件	流转时间（5年以下）			16.713	.000	
	5—10年	.249	.225	1.219	.270	1.282
	10年以上	1.070***	.263	16.515	.000	2.915
	租金（500—1000元）			19.603	.000	
	1000—1500元	.122	.220	.309	.578	1.130
	1500—2000元	-.976***	.247	15.575	.000	.377
	2000元以上	-.300	.226	1.762	.184	.741
	常量	1.205	.190	40.407	.000	3.336

模型卡方 = 42.549,sig = 0.000;Cox & Snell R^2 = 0.053;Nagelkerke R^2 = 0.077;Hosmer 和 lemeshow 检验:卡方 = 2.776,sig = 0.948;模型百分比矫正:72.7%。

*** p<0.01,** p<0.05,* p<0.1,()内为参考类别。

表 5-9 显示主要收入来源为种植业、土地流转时间和租金是影响湿地地区农户土地流转意愿的主要因素。

(1)以种植业为生的农户更不愿意进行土地流转。与主要收入来源为非种植业的农户相比,以种植业为主要收入来源的农户系数为-0.42,这类农户愿意进行土地流转的概率低于非种植业为生的农户愿意参与土地流转的概率,这与主要收入来源为种植业对贫困地区农户的土地流转意愿的影响也是一致的。

(2)流转时间长,适当的租金有助于提高农户的流转意愿。流转条件中的两个因素都显著影响河北省省级重要湿地地区农户的土地流转意愿,其中流转时间正向影响流转意愿,在省级重要湿地地区,农户更加偏好长时间的流转期限,当流转时间为 10 年以上时,农户愿意进行土地流转的概率是流转时间为 5 年以下的 2.915 倍,接近 3 倍;租金方面,整体呈现的趋势依旧是负向影响土地流转意愿,租金的增加会阻碍流转意愿的提高,但租金为 1500—2000 元时农户的土地流转意愿最弱,最不愿意进行土地流转。

3. 省级重要湿地地区农户土地流转意愿与流转行为影响因素的对比分析

河北省省级重要湿地地区农户的土地流转意愿与流转行为的影响因素与贫困地区和白洋淀流域相对较少,流转行为主要受土地规模以及村庄类别、地形等地理因素影响,流转意愿则主要受主要收入来源是否为种植业以及土地流转条件的影响,其中租金对流转意愿与流转行为的影响方向相同,适当的租金有助于提高农户的土地流转意愿,促进土地流转意愿向流转行为的转化。

三、不同调研空间土地流转意愿与行为的影响因素对比分析

由于地域间的经济发展、自然环境条件、农户个人素质水平的差异,针

对样本调查范围的差异,对不同区域农户的土地流转意愿与行为分别进行研究分析,对不同空间下的三个调研区域进行横向对比,可以发现影响土地流转意愿与流转行为的因素既有共同点,也存在差异。

1. 土地流转行为影响因素对比

(1)贫困地区与白洋淀流域农户土地流转行为影响因素对比

在土地流转行为的影响因素研究中,主要收入来源显著影响贫困地区和白洋淀流域的农户土地流转行为,虽然影响两个调研区域土地流转行为的主要收入来源不同,但存在一定的相似之处,也反映了收入来源的多元化会促进这两个地区农户的土地流转。相对于这两个调研地区,主要收入来源对省级重要湿地地区土地流转行为的影响不显著。

土地规模是影响贫困地区和白洋淀流域农户土地流转行为的重要因素,土地规模的增加会提高农户进行土地流转的概率,但是土地规模对两个区域农户土地流转行为的影响程度不同,对白洋淀流域农户土地流转行为的影响更大。

(2)贫困地区与省级重要湿地区域农户土地流转行为影响因素对比分析

贫困地区与省级重要湿地农户的土地流转行为的影响因素中,对二者均产生影响的只有土地规模这一因素,且均正向影响产生土地流转行为的概率,但是白洋淀流域农户的土地流转行为受土地规模影响更大。

(3)白洋淀流域与省级重要湿地区域农户土地流转行为影响因素对比

土地规模和租金是影响白洋淀流域与省级重要湿地农户土地流转行为的共同影响因素,土地规模正向影响两个调研区域农户的土地流转行为,租金负向影响流转行为,租金的增加会降低农户的参与流转的概率。

三个调研区域除了两两调研区域相同的因素外,各地都存在其特殊性,贫困地区农户对土地政策的认识显著影响流转行为,而另外两地农户的流转行为对农户的政策认知变化不敏感;贫困地区的农户在考虑土地流转问题时更关注流转时间的长短,白洋淀流域与省级重要湿地地区的农户更关注租金的多少,流转时间和流转租金是两个非常重要的影响因素。省级重要湿地地区的流转行为还受村庄地形和村庄类别影响,湿地由于承担着生态涵养功能,与另外两个地区有一定的区别。可见,不同调研区域间土地流转行为影响因素侧重点不同,需要因地制宜,采取不同的措施规范有序推进各地土地流转。

2. 土地流转意愿影响因素对比

(1)贫困地区与白洋淀流域农户土地流转意愿的影响因素对比

在土地流转意愿的研究中,文化程度、村庄地形均影响两个地区的土地流转意愿。文化程度较高有利于提高贫困地区和白洋淀流域的土地流转意愿;在区位因素中,贫困地区与白洋淀流域也呈现了较大的相似度,村庄地形影响了两个地区农户的土地流转意愿,并且均是丘陵地形下的农户流转意愿最强烈,山地地形次之,平原地形最弱。

(2)贫困地区与省级重要湿地地区农户土地流转意愿影响因素对比

贫困地区和省级重要湿地地区农户的土地流转意愿受主要收入来源是否为种植业的影响,两个调研区域的主要收入来源为种植业的农户流转意愿低于非种植业的农户,另外租金对两个调研区域农户的土地流转意愿均主要产生负向影响。

(3)白洋淀流域与省级重要湿地地区农户土地流转意愿影响因素对比

白洋淀流域与省级重要湿地地区农户土地流转意愿均受土地流转条件中的流转时间这一因素的影响,且影响方向相同,随着流转时间的增加,农户流转意愿随之强烈,贫困地区农户的土地流转意愿受流转时间的影响并不显著。

另外,各个调研区域也存在不同之处,贫困地区的土地流转意愿还受农户年龄、土地规模和对流转政策的影响,而白洋淀区域农户的流转意愿还受土地归属认知和种田收入占比的影响。省级重要湿地地区农户的流转意愿影响因素相对于另外两个调研区域呈现的差异,与湿地的功能有一定程度的相关性,湿地承担着生态涵养功能,耕地条件与其他地区不同,随着社会对湿地的重视程度增加,影响重要湿地地区农户的流转意愿的因素具有一定的特殊性。

　　而白洋淀流域农户的土地流转意愿则是受种田收入影响,种田收入占比高的农户其流转意愿相应较低,种田收入占比高也体现了农户的主要收入来源为种植业,三地存在一定的相似之处,另外贫困地区和白洋淀流域农户对土地政策的不了解和不清晰也在一定程度上制约了当地农户土地流转意愿。

　　3. 三个调研区域农户流转意愿与行为的共性分析

　　对比三个调研区域的实证结果,着重关注的是三个调研区的共同影响因素,研究表明,拥有土地规模的增加都有助于农户积极参与土地流转。在土地流转条件因素中,租金和流转时间是影响三个调研区域流转行为和土地流转意愿的关键因素,贫困地区农户的土地流转行为受流转时间影响,流转意愿受租金影响程度相对较大,白洋淀流域农户的土地流转行为受租金影响程度较大,流转意愿受流转时间影响程度相对较大,省级重要湿地农户的流转行为受租金影响,流转时间和租金均影响该地区农户的流转意愿,可见适合当地实际情况的流转时间与租金对促进农户土地流转具有重要影响。

第四节　不同地形下土地流转意愿与
行为影响因素分析

　　河北省地形地势较为复杂,其中燕山—太行山一带为山地地形,中东部为平原地带,还有坝上高原等地形。依据河北的地形地貌特点以及调研对象所在地特点,由于生活在不同地区的农户环境和自然条件的差异,其个人特征、所在地特征、土地流转条件也会有所区别,并且农村土地流转对贫困山区的经济发展有重要意义,因此根据调研数据,课题组将调研样本分为平原、山区、丘陵三部分,分别实证分析农户土地流转意愿与流转行为的影响因素。

一、平原调研地区农户土地流转意愿与流转行为影响因素的实证分析

对平原调研地区农户土地流转意愿与流转行为的影响因素研究使用向前逐步法的二元 Logistic 回归,所构建的土地流转模型和土地流转意愿模型中的 Hosmer 和 lemeshow 检验分别为 0.336 和 0.958,均大于 0.05,接受模型拟合效果无偏差的原假设,具体结果如表5-10 和表5-11 所示。

1. 平原调研地区农户土地流转行为影响因素的实证分析

表5-10　平原调研地区土地流转行为的影响因素实证结果

		B	S.E,	Wals	Sig.	Exp(B)
个人因素	种植业(否)	-.344***	.132	6.797	.009	.709
	经商(否)	.711***	.161	19.447	.000	2.036
	打工(否)	.371***	.131	8.027	.005	1.450
	土地规模	.045***	.010	20.162	.000	1.046
	土地归属认知(国家)			10.194	.037	
	乡镇政府	-.475	.633	.565	.452	.622
	村组集体	.269	.217	1.534	.215	1.309
	自己	.205	.139	2.167	.141	1.227
	不清楚	.915***	.317	8.306	.004	2.496

续表

		B	**S.E,**	**Wals**	**Sig.**	**Exp（B）**
流转条件	租金 （500—1000元）			12.490	.006	
	1000—1500元	-.374**	.174	4.641	.031	.688
	1500—2000元	-.484***	.188	6.641	.010	.617
	2000元以上	-.694***	.203	11.642	.001	.500
	常量	-1.452	.216	45.277	.000	.234

模型卡方 = 83.053，sig = 0.000；Cox & Snell R^2 = 0.049；Nagelkerke R^2 = 0.075；Hosmer 和 lemeshow 检验：卡方 = 9.075，sig = 0.336；模型百分比矫正：78.6%。

*** p<0.01，** p<0.05，* p<0.1，（ ）内为参考类别。

个人因素中的主要收入来源、土地规模、土地归属认知和土地流转条件中的租金是影响平原调研地区农户土地流转行为的主要因素。

（1）主要收入来源为非种植业、土地规模大、不清楚土地归属的农户参与土地流转的概率较大。主要收入来源为种植业的农户，会发生土地流转的概率低于主要收入来源为非种植业的农户，而主要收入来源为经商或打工的农户发生土地流转的概率则高于非经商或打工的农户，其中以经商为主的农户发生土地流转的概率是非经商农户的2.036倍，表明多样的收入来源会推动土地流转；拥有土地规模的系数为正数，表示农户种植土地规模的增加，农户进行土地流转的概率也有所增加，但影响不大，每增加一亩地，农户会进行土地流转的概率仅增加0.046，这是因为平原地带土地质量较好，适合进行大范围的规模经营，此时收益较高，因此拥有土地规模对土地流转行为有正向促进的作用；土地归属认知对农户的土地流转决策不显著，但是也反映了平原调研地区存在对土地归属认知不清的问题。

（2）租金越高农户越不会进行土地流转。土地流转条件中，租金对平原调研地区的土地流转行为产生显著影响，以租金为500—1000元为参考，租金的系数为负数,平原调研地区的农户并不单方面追求流转租金的增加,从模型的概率来看,租金越高农户越不会进行土地流转。

2. 平原调研地区农户土地流转意愿影响因素的实证分析

表 5-11　平原调研地区土地流转意愿的影响因素实证结果

		B	S.E,	Wals	Sig.	Exp（B）
个人因素	文化程度（小学以下）			13.903	.008	
	小学	.061	.185	.110	.740	1.063
	初中	.294 *	.175	2.809	.094	1.342
	高中	.583 ***	.214	7.448	.006	1.791
	大学及以上	.749 **	.332	5.079	.024	2.114
	种田收入占比（三成以下）			14.053	.007	
	三成	−.198	.167	1.394	.238	.821
	三到五成	−.475 ***	.158	9.066	.003	.622
	五到七成	−.488 ***	.165	8.722	.003	.614
	七成以上	−.103	.177	.343	.558	.902
	土地规模	−.033 ***	.009	12.178	.000	.968
	土地归属认知（国家）			28.322	.000	
	乡镇政府	.619	.561	1.220	.269	1.858
	村组集体	−.061	.210	.084	.772	.941
	自己	−.592 ***	.124	22.680	.000	.553
	不清楚	−.299	.311	.923	.337	.741
	土地政策认识（听说过）			6.975	.031	
	没听说过	−.166	.141	1.384	.239	.874
	不清楚	−.339 ***	.128	6.974	.008	.713

续表

		B	S.E,	Wals	Sig.	Exp(B)
流转条件	流转时间 （5年以下）			14.328	.001	
	5—10年	.469***	.134	12.195	.000	1.598
	10年以上	.351**	.147	5.738	.017	1.421
	租金 （500—1000元）			10.541	.014	
	1000—1500元	.129	.168	.596	.440	1.138
	1500—2000元	−.126	.176	.507	.476	.882
	2000元以上	−.337*	.181	3.475	.062	.714
	常量	.910	.249	13.384	.000	2.484

模型卡方=119.044，sig=0.000；Cox & Snell R^2=0.069；Nagelkerke R^2=0.097；Hosmer 和 lemeshow 检验：卡方=2.575，sig=0.958；模型百分比矫正：68.4%。

*** $p<0.01$，** $p<0.05$，* $p<0.1$，( )内为参考类别。

在平原调研地区农户的土地流转意愿的影响因素研究中，文化程度、种田收入占比、土地规模、土地归属认知、对土地政策的认识、流转时间、租金被纳入模型。

（1）文化程度高的农户更愿意进行土地流转。农户文化程度对土地流转行为产生正向影响，农户的受教育水平越高，进行土地流转的概率就越大，当农户的文化程度为大专及以上时发生土地流转的概率超过文化水平为小学以下的2倍。随着文化水平的提高，农户更能认识到土地规模经营的优势，这类农户参与土地流转的积极性也比较高，因此文化水平较高的农户流转意愿更为强烈。

种田收入占比较高的农户不愿意进行土地流转。种田收入占比的系数为负数，占比五到七成的农户最不愿意进行土地流转。种田收入占比较高的农户一般收入来源较为单一，多以种田为生，不愿意进行土地流转。

拥有土地较多的农户其流转意愿并不强烈。拥有土地规模的系数为负，表明拥有土地越多越不愿意进行土地流转，这与土地流转行为的分析是相反的，但是土地规模的变化引起流转意愿概率的变化值不大，部分农户即使拥有较多的土地，但可能由于土地质量不适合农作物生长，以及进行耕作需要耗费更多的人力、物力，在这种情况下，土地也难以流转出去，因此流转双方的意愿不高。

认为土地属于国家或听说过土地流转政策的农户更愿意参与土地流转。在农户对土地的归属认知这一因素中，认为土地属于国家的农户更愿意进行土地流转，另外，听说过土地流转政策的农户比没听说过以及对土地流转政策不清楚的农户更愿意参与土地流转。

(2)农户愿意进行流转时，期望的流转时间集中在5—10年、租金集中在1000—1500元。流转条件均影响了农户的土地流转意愿，其中以流转时间为5年以下为参考，流转时间为5—10年、10年以上的系数分别为0.469、0.351，随时间的增加农户的流转意愿有所增加，当流转时间为5—10年时农户最愿意进行土地流转，租金为1000—1500元时农户的土地流转意愿也较高，但是当租金增加时，系数为负，表示流转意愿会降低。

3. 流转意愿与流转行为的对比分析

通过对平原调研地区农户的土地流转意愿与行为的研究分析发现，土地规模、土地归属认知、租金既影响流转意愿，又影响流转行为，具体影响程度略有差异。文化程度较高的农户流转意愿更为强烈，而主要收入来源的多样性是影响流转行为的重要因素，对土地政策的认识、土地归属的认知会影响农户的土地流转意愿，由此可见加强政策的宣传是非常必要的，有助于促进流转意愿向流转行为的积极转化。

二、山地调研地区农户土地流转意愿与流转行为影响因素的实证分析

使用向前逐步法的二元 Logistic 回归对山地调研地区农户土地流转意愿与流转行为的影响因素进行研究分析,所构建的土地流转模型和土地流转意愿模型中的 Hosmer 和 lemeshow 检验分别为 0.778 和 0.869,均大于0.05,模型拟合效果良好,具体结果如表 5-12 和表 5-13 所示。

1. 山地调研地区农户的土地流转行为影响因素的实证分析

表 5-12　山地调研地区土地流转行为实证结果

		B	S.E,	Wals	Sig.	Exp（B）
个人因素	种植业（否）	-.441**	.180	5.989	.014	.643
	土地规模	.092***	.024	14.870	.000	1.096
	土地归属认知（国家）			13.950	.007	
	乡镇政府	1.257**	.613	4.207	.040	3.515
	村组集体	.930***	.307	9.198	.002	2.535
	自己	.580***	.217	7.149	.007	1.787
	不清楚	.932**	.412	5.128	.024	2.540
流转条件	流转时间（5 年以下）			10.531	.005	
	5—10 年	.248	.215	1.327	.249	1.281
	10 年以上	.690***	.213	10.500	.001	1.993
	常量	-2.227	.265	70.799	.000	.108

模型卡方 = 36.593,sig = 0.000;Cox & Snell R^2 = 0.044;Nagelkerke R^2 = 0.067;Hosmer 和 lemeshow 检验:卡方 = 4.804,sig = 0.778;模型百分比矫正:78.8%。

*** p<0.01,** p<0.05,* p<0.1,( )内为参考类别。

山地调研地区农户土地流转行为主要受个人因素和流转条件影响,主要收入来源为种植业的农户会产生土地流转行为的概率低于非种植业农户,以种植业为生的农户需要以土地为依托进行耕作,不会将土地流转出去;土地规模正向影响农户的土地流转行为,农户的土地越多,越会进行土地流转,这与平原调研地区相似;相对于认为土地属于国家,农户对土地归

属认识的系数为正数,山地调研地区同样存在对土地归属认识不清的现象,且影响了农户的土地流转行为。与平原调研地区不同的是,流转时间是影响农户进行决策的因素,山地调研地区的农户更偏好长时间的土地流转,保证土地流转时间上的连续性。

2. 山地调研地区农户土地流转意愿影响因素的实证分析

表5-13 山地调研地区土地流转意愿实证结果

		B	S.E,	Wals	Sig.	Exp(B)
个人因素	性别(女)	.325 **	.166	3.846	.050	1.383
	种田收入占比(三成以下)			17.506	.002	
	三成	−.442 *	.231	3.663	.056	.643
	三到五成	−.432	.282	2.350	.125	.649
	五到七成	−.956 ***	.273	12.244	.000	.385
	七成以上	−.758 ***	.262	8.382	.004	.469
	土地归属认知(国家)			27.528	.000	
	乡镇政府	−1.668 ***	.601	7.701	.006	.189
	村组集体	−1.247 ***	.298	17.577	.000	.287
	自己	−.778 ***	.212	13.535	.000	.459
	不清楚	−1.362 ***	.387	12.409	.000	.256
	土地政策认识(听说过)			14.054	.001	
	没听说过	−.517 **	.216	5.710	.017	.596
	不清楚	−.725 ***	.196	13.687	.000	.484
	常量	2.243	.267	70.428	.000	9.425

模型卡方 = 63.154, sig = 0.000; Cox & Snell R^2 = 0.074; Nagelkerke R^2 = 0.108; Hosmer 和 lemeshow 检验: 卡方 = 3.871, sig = 0.869; 模型百分比矫正: 73.5%。

*** $p<0.01$, ** $p<0.05$, * $p<0.1$。

与农户土地流转行为的影响因素不同,山地调研地区农户土地流转意愿主要受个人因素的影响。其中,男性的流转意愿高于女性的流转意愿,种田收入占比越高,农户越不愿意进行土地流转,这与平原调研地区种田收入占比对农户土地流转意愿的影响方向相同,相较于种田收入占比为三成以下的农户,种田收入占比为五到七成的农户选择愿意进行土地流转的概率较低,认为土地归属于国家的农户进行土地流转的概率最高,同时对土地流转政策认识清楚的农户更愿意进行土地流转。

3. 土地流转意愿与流转行为的影响因素对比分析

从山地调研地区农户土地流转意愿与流转行为的影响因素中也可以发现,二者都受到了农户土地归属认知的影响,随着农户对土地相关政策的了解,其参与土地流转的意愿将会有效地提高,引导农户做出土地流转决策,同时,流转行为受主要收入来源为种植业的影响,流转意愿受种田收入占比的影响,这也表明了收入结构对农户流转意愿与行为的影响,并且在实际土地流转过程中,土地的流转时间对农户来说是比较重要的关注点。

三、丘陵调研地区土地流转意愿与行为影响因素的实证分析

使用向后逐步回归(LR)的二元 Logistic 回归对山地调研地区的农户土地流转意愿与流转行为影响因素进行研究,所构建的土地流转模型和土地流转意愿模型中的 Hosmer 和 lemeshow 检验分别为 0.132 和 0.965,均大于0.05,模型拟合效果良好,具体结果如表 5-14 和表 5-15 所示。

1. 丘陵调研地区农户土地流转行为影响因素的实证分析

表5-14　丘陵调研地区土地流转行为实证结果

		B	**S.E,**	**Wals**	**Sig.**	**Exp（B）**
个人因素	年龄	.041**	.018	5.203	.023	1.041
	养殖业（否）	−20.501	15192.187	.000	.999	.000
	经商（否）	−1.398*	.796	3.081	.079	.247
	土地规模	.027	.018	2.188	.139	1.027
	土地政策认识（听说过）			16.039	.000	
	没听说过	−1.712***	.531	10.376	.001	.181
	不清楚	−1.467***	.460	10.169	.001	.231
流转条件	流转时间（5年以下）			8.397	.015	
	5—10年	1.121***	.412	7.415	.006	3.067
	10年以上	.074	.504	.022	.883	1.077
	常量	−3.042	.972	9.786	.002	.048

模型卡方 = 42.232，sig = 0.000；Cox & Snell R^2 = 0.185；Nagelkerke R^2 = 0.274；Hosmer 和 lemeshow 检验：卡方 = 12.462，sig = 0.132；模型百分比矫正：76.3%。

*** $p < 0.01$，** $p < 0.05$，* $p < 0.1$。

丘陵调研地区的农户土地流转行为受个人因素和土地流转条件的影响较大，处于该地形的农户，年龄大的农户偏好进行土地流转，由于自身身体素质和劳动能力的下降，流转土地是较好的保障生活的选择，主要收入来源为养殖业和经商的系数均为负数，这与平原调研地区不同，平原调研地区相对来说交通较为便利，经济较为发达，农户的收入来源广泛，经商的收益更高，但是丘陵调研区不具备这些环境所创造的区位优势，导致两个地区形成差异；农户进行土地流转的概率随着土地规模的增加而增加，该因素对农户土地流转行为的影响在丘陵调研地区呈现的变化趋势与平原和山地调研地区相同,听说过土地政策的农户进行土地流转的概率较高,没听说过或者对土地政策不清楚的农户发生土地流转的概率明显低于听说过土地政策的农户。由于丘陵区与山地地区的地形较为接近,在流转行为的影响因素中,流转时间都显著影响了两个地形区域农户的土地流转行为,但丘陵调研地区的农户偏好流转时间为5—10年,山地调研地区的农户则偏好流转时间为10年以上。

2. 丘陵调研地区农户土地流转意愿影响因素的实证分析

表5-15　丘陵调研地区土地流转意愿实证结果

		B	S.E.	Wals	Sig.	Exp(B)
个人因素	家庭人口数	-.261**	.125	4.396	.036	.770
	种田收入占比 (三成以下)			7.733	.102	
	三成	.267	.645	.171	.679	1.306
	三到五成	.414	.574	.522	.470	1.513
	五到七成	-.540	.546	.979	.323	.583
	七成以上	-1.024*	.479	4.572	.033	.359
流转条件	流转时间 (5年以下)			6.128	.047	
	5—10年	.114	.406	.079	.778	1.121
	10年以上	1.473**	.599	6.045	.014	4.361
	常量	2.435	.645	14.275	.000	11.419

模型卡方 = 17.220,sig = 0.016;Cox & Snell R^2 = 0.080;Nagelkerke R^2 = 0.125;Hosmer 和 lemeshow 检验:卡方 = 2.423,sig = 0.965;模型百分比矫正:78.3%。

*** $p<0.01$, ** $p<0.05$, * $p<0.1$。

上表的实证结果显示,家庭人口数、种田收入占比、流转时间是影响丘陵调研地区农户土地流转意愿的主要因素。与平原调研地区和山地调研地区的农户不同的是,丘陵调研区的农户在考虑土地流转意愿时,更加关注个人家庭的人口数量,这意味着农户要考虑家庭的劳动能力以及生活压力,当家庭人口数增加时,农户不愿意进行土地流转,实地走访调研发现,人口数较多的家庭,家庭分工较为明确,并根据农户反映,靠种田的收入难以支撑家庭所有成员的生活,部分有劳动能力的家庭人员需要在外工作谋生,部分成员进行农业耕种,实证结果也表明了家庭人口数的增加会降低农户的土地流转意愿;种田收入占比五成以下时,农户的流转意愿较为强烈,但当种田收入占比增加到五成以上,农户的流转意愿就会降低,种田收入占比为七成以上的农户愿意进行土地流转的概率仅为种田收入占比为三成以下的0.359 倍。流转时间对流转意愿的影响方向为正,与对流转行为的影响方向相同,但是农户考虑流转意愿时偏好流转时间为 10 年以上,而在实际进行土地流转决策时,偏好时间为 5—10 年,在实际进行土地流转的过程中,过长的土地流转时间会增加农户对土地权益的担忧,同时预期的不确定性也是影响农户进行决策的重要原因。

3. 土地流转意愿与流转行为影响因素的对比分析

对比影响丘陵调研地区农户土地流转意愿与流转行为的因素,可以发现只有流转时间这个变量既影响了丘陵调研地区农户的流转行为又影响了该地区农户的流转意愿,但是影响的程度略有差异,当流转时间为 10 年以上时,农户的流转意愿最强烈,但是当流转时间为 5—10 年时,农户参与土地流转,发生流转行为的概率最大,农户在面临实际土地流转行为问题时,期望的流转年限集中在 5—10 年,时间的增加虽然有利于提高流转意愿,但是对流转行为的发生并无太大的促进作用。

四、不同地形区域土地流转意愿与行为影响因素对比分析

本节依据调研数据深入研究不同地形之间的农户土地流转意愿与流转

行为后发现,不同地形下农户的流转意愿与流转行为的影响因素既存在一定的相似性,也有一定的差异。

1. 土地流转行为的影响因素对比

(1)平原与山地调研地区农户土地流转行为影响因素对比

在土地流转行为的影响因素研究中,平原与山地调研地区的农户,其流转行为均受主要收入来源是否为种植业的影响,且影响方向相同,这两个调研区域主要收入来源为种植业的农户会进行土地流转的概率较小;土地规模也会影响两个地形区域下农户的土地流转行为,土地规模的增加均有利于促进农户进行土地流转;农户对土地归属的认知影响两个地形区域下农户的流转行为,平原调研地区不清楚土地归属权的农户发生土地流转的概率较高,但是山地调研地区认为土地应该归属乡镇政府的农户会发生土地流转的概率较高,丘陵调研地区的农户流转行为不受该因素影响。

(2)平原与丘陵调研地区农户土地流转行为影响因素对比

平原与丘陵调研区域的农户,其土地流转行为受主要收入来源是否为经商的影响,但平原调研地区以经商为主要收入来源的农户参与土地流转的概率较高,而丘陵调研地区此类农户参与土地流转的概率则较低,丘陵地区相对平原地区交通的便利性不高,经济相对不发达,经商不足以支撑农户摆脱长久以来"以地为生"的观念。另外两个地形区域农户土地流转行为均受到土地规模的影响,种植土地规模大的农户进行土地流转的概率高于种植土地规模小的农户。

(3)山地与丘陵调研地区农户土地流转行为影响因素对比

山地与丘陵调研区域的农户,其流转行为均受土地规模和流转时间的影响,随土地规模的增加,农户进行土地流转的概率也较高;流转时间的增加均对两个调研区域产生正向影响,但是山地地形调研区域的农户偏好10年以上的流转期限,而丘陵调研地区的农户偏好5—10年的流转期限,山地地势较高,耕地分布较丘陵调研区域更为分散,耕种难度也较大,一旦可以流转出去,此地区农户比丘陵调研地区的农户更愿意进行长时间土地流转合同的签署或约定。

除了以上两两地区间相同的影响因素外,平原调研地区农户的土地流转行为还受主要收入来源是否为打工的影响,山地和丘陵两个地形调研区域的农户并未受到该因素影响;丘陵调研区域的农户土地流转行为还受主要收入来源是否为养殖业、农户年龄、对土地政策认识的影响,丘陵调研地区农户的个人特征对土地流转行为的影响较大。

2. 土地流转意愿的影响因素对比

（1）平原与山地调研地区农户土地流转意愿影响因素对比

平原和山地调研地区农户土地流转意愿均受种田收入占比影响,种田收入占比的增加会降低农户的流转意愿,两个调研区域种田收入为五到七成的农户最不愿意进行土地流转,种田收入占比三成以下的农户土地流转意愿最强烈。土地归属认知和土地政策认识对两个调研区域农户的土地流转意愿产生影响,认为土地属于国家的农户其流转意愿较为强烈,听说过土地流转相关政策的农户也更愿意参加土地流转。

（2）平原与丘陵调研地区农户土地流转意愿影响因素对比

平原与丘陵调研区域农户的土地流转意愿均受种田收入占比的影响,但对两个区域的影响程度略有差异,平原调研地区种田收入占比为三成以下的农户流转意愿最强,占比三到五成的农户流转意愿最弱,而丘陵调研地区流转意愿比较强烈的为种田收入占比三到五成的农户,种田收入占比为七成以上的农户最不愿意参与土地流转。流转时间同样都影响两个调研区域农户的流转意愿,且随流转时间的增加,农户流转意愿也有所提高,但平原调研地区农户更偏好5—10年的流转期限,丘陵调研地区的农户更偏好十年以上的流转期限。

（3）山地与丘陵调研地区农户土地流转意愿影响因素对比

山地与丘陵调研地区的农户流转意愿均受种田收入占比的影响，但该因素对两个地区的影响程度不同，山地调研地区种田收入占比为三到五成的农户流转意愿最弱，而丘陵调研地区种田收入占比七成以上的农户最不愿意进行土地流转。

另外，文化程度、土地规模、租金也会影响平原调研地区农户的流转意愿，但山地和丘陵调研地区农户的流转意愿并不受这三个影响因素的影响，山地调研地区农户的土地流转意愿还与农户的性别有关，平原和丘陵调研地区农户的土地流转意愿不受性别影响，家庭人口数也会影响丘陵调研地区农户的土地流转意愿，但不影响平原和山地地形调研区域的农户流转意愿。

3. 不同地形调研区域土地流转意愿与行为的影响因素的共性分析

土地规模是影响三个地形区域农户土地流转行为的共同因素，且土地规模的增加会提高发生流转行为的概率，但是具体影响程度略有差异，山地调研地区土地规模的增加对农户参与流转行为概率的提高影响最大，其次为平原调研区域，最后为丘陵调研区域。

种田收入占比会影响三个地形区域农户土地流转意愿，种田收入占比高的农户其流转意愿不强烈，主要收入来源的不同以及种田收入占比会影响流转意愿与行为，表明收入结构对土地流转有重要作用。为使不同地形区域农户的土地流转意愿增加，不仅要提供给农户更多的就业机会，合理扩大非农就业渠道，使得收入结构多元化，同时土地流转市场为流转双方制定合理的流转时间和相应的租金，在提高土地流转意愿的基础上，加强与土地流转相关政策的宣传与指导，让农户正确了解政策，促进实际流转[1]。

---

[1]　王余丁：《博弈视角下的农村土地流转研究》，人民出版社 2017 年版，第 262 页。

第五节　生态补偿对土地流转的影响分析

土地,尤其是耕地在供给人类农产品的同时也提供了大量的生态产品,因此土地流转中应保持并提升土地生态功能价值。完善土地生态补偿制度有助于土地流转双方注重土地生态环境的保护,那么,生态补偿是否对土地流转产生影响,影响程度和方向如何,本节运用调研数据,构建逻辑斯蒂回归模型进行分析。

一、数据来源与变量说明

本节从资源与环境利用的角度,分析生态补偿对农户土地流转意愿与行为的影响。研究主要基于"河北省资源环境现状调研"所获得的数据,此次调研共收集调查问卷844份。首先选取了生态补偿、土地流转相关的问题构建模型变量,对于存在矛盾的问卷数据进行删除,对缺失值问卷数据进行插补。数据插补的方式与本章第一节相似,主要是根据相似样本的特点,对数据进行近邻插补。参考以往文献,结合当地实际情况选取变量,见表5-16。

表5-16　模型变量列表及说明

变量名称	变量说明
流转行为	是=1;否=0
流转意愿	愿意=1;不愿意=0
是否愿意退耕还湿,接受生态补偿	愿意=1;不愿意=2;无所谓=3
最低生态补偿标准	500元以下=1;500—1000元=2;1000—1500元=3;1500—2000元=4;2000元以上=5

续表

变量名称	变量说明
愿意接受的补偿方式	现金:是=1,否=0
	实物:是=1,否=0
	优惠政策:是=1,否=0
	致富项目:是=1,否=0
	技术帮扶:是=1,否=0
	给予创业空间:是=1,否=0
	其他:是=1,否=0
期望补偿标准	当地最低生活标准=1;县平均工资=2;市平均工资=3;一般打工收入=4;按生态贡献,多贡献多得=5
愿意支付的补偿方式	现金:是=1,否=0
	交税:是=1,否=0
	捐赠物品:是=1,否=0
	义务劳动:是=1,否=0

二、生态补偿对土地流转的影响的实证分析

使用二元 Logistic 回归模型对样本数据中生态补偿对农户土地流转意愿与行为的影响进行分析,结果见表 5-17 和 5-18。土地流转行为模型的卡方值为 69.990,p 值小于 0.05,通过显著性检验,Hosmer 和 lemeshow 检验值为 0.897,且模型校正百分比为 71.5%,说明该模型拟合效果良好。

表 5-17　生态补偿对土地流转行为影响的模型结果

	B	S.E,	Wals	Sig.	Exp(B)
是否愿意退耕还湿,接受生态补偿(愿意)			15.523	.000	
不愿意	-.824***	.229	12.960	.000	.439
无所谓	-.555**	.240	5.334	.021	.574

续表

	B	**S.E,**	**Wals**	**Sig.**	**Exp（B）**
最低补偿标准（500 元以下）			20.080	.000	
500—1000 元	−.543**	.238	5.196	.023	.581
1000—1500 元	−.968***	.262	13.711	.000	.380
1500—2000 元	−.868**	.373	5.419	.020	.420
2000 元以上	−.971***	.248	15.321	.000	.379
愿意接受的补偿方式					
现金（否）	−.312	.289	1.166	.280	.732
实物（否）	.333	.437	.580	.446	1.395
优惠政策（否）	.322	.304	1.116	.291	1.379
致富项目（否）	.045	.343	.017	.896	1.046
技术帮扶（否）	−.074	.393	.036	.850	.928
给予创业空间（否）	−.161	.419	.148	.701	.851
其他（否）	1.068	.973	1.205	.272	2.910
期望补偿标准（低保标准）			7.226	.124	
县平均工资	−.267	.231	1.335	.248	.766
市平均工资	−.823**	.372	4.890	.027	.439
一般打工收入	−.058	.249	.055	.815	.943
按生态贡献，多贡献多得	−.445*	.252	3.105	.078	.641
愿意支付的补偿方式					
现金支付（否）	.775**	.335	5.339	.021	2.170
交税（否）	−.395	.395	1.001	.317	.674
捐赠物品（否）	.376	.348	1.170	.279	1.457
义务劳动（否）	.636*	.337	3.561	.059	1.888
常量	−.165	.470	.124	.725	.848

模型卡方 = 69.990，sig = 0.000；Cox & Snell R2 = 0.086；Nagelkerke R2 = 0.121；Hosmer 和 lemeshow 检验：卡方 = 3.531，sig = 0.897；模型百分比矫正 :71.5%。

注：*** $p < 0.01$，** $p < 0.05$，* $p < 0.1$，（）内为参考类别。

回归结果显示,农户是否愿意退耕还湿,接受生态补偿(以下简称是否愿意接受生态补偿)、愿意接受的最低补偿标准、期望补偿标准以及愿意支付的补偿方式显著影响农户的土地流转行为。生态补偿意愿中,愿意接受生态补偿的农户进行土地流转的概率最高,不愿意接受生态补偿的农户相应地进行土地流转的概率也低;当农户可以接受的最低生态补偿标准为500元以下时,农户进行土地流转的概率更高;如果农户为生态保护的受益者,那么他们愿意为生态保护支付的补偿方式中,支付现金、捐赠物品和提供义务劳动对土地流转有显著影响,相比之下,农户更愿意支付现金或是进行义务劳动。

农户在生态保护中扮演生态保护实施者角色时,农户愿意接受的生态补偿方式对农户土地流转行为的影响不大,可以归为外围影响因素[①]。实物、优惠政策、提供致富项目是农户较为愿意接受的生态补偿方式,当生态补偿方式为这几种时,有利于促进农户进行土地流转,现金、提供技术帮扶或者给予农户相应的创业空间对促进土地流转作用不大。

表 5-18　生态补偿对土地流转意愿影响模型的结果

	B	S.E,	Wals	Sig.	Exp(B)
是否愿意退耕还湿,接受生态补偿(愿意)			44.440	.000	
不愿意	−1.341***	.201	44.317	.000	.262
无所谓	−.566**	.228	6.130	.013	.568
最低补偿标准(500元以下)			5.284	.259	
500—1000元	.352	.267	1.742	.187	1.422

---

① 户艳领,李丽红,任宁,王洲:《基于二元 Logistic 模型的贫困山区农村土地流转意愿影响因素研究——源于河北省贫困山区县的调研样本》,《中国农业资源与区划》2018 年第 7 期,第 137—143、211 页。

续表

	B	S.E,	Wals	Sig.	Exp（B）
1000—1500 元	.058	.267	.047	.828	1.060
1500—2000 元	.845*	.437	3.741	.053	2.329
2000 元以上	.122	.254	.232	.630	1.130
愿意接受的补偿方式					
现金（否）	.195	.331	.348	.555	1.216
实物（否）	.051	.479	.011	.915	1.052
优惠政策（否）	.363	.356	1.038	.308	1.438
致富项目（否）	−.341	.367	.864	.353	.711
技术帮扶（否）	1.039**	.491	4.470	.035	2.825
给予创业空间（否）	−.035	.436	.006	.936	.966
其他（否）	1.017	1.186	.735	.391	2.764
期望补偿标准（低保标准）			.901	.924	
县平均工资	−.060	.250	.057	.811	.942
市平均工资	−.168	.350	.229	.632	.846
一般打工收入	−.179	.268	.446	.504	.836
按生态贡献,多贡献多得	−.209	.256	.662	.416	.812
愿意支付的补偿方式					
现金支付（否）	.270	.398	.459	.498	1.310
交税（否）	.318	.439	.526	.468	1.375
捐赠物品（否）	−.174	.405	.185	.667	.840
义务劳动（否）	.027	.394	.005	.946	1.027
常量	1.014	.556	3.322	.068	2.757

模型卡方 = 71.356, sig = 0.000；Cox & Snell R2 = 0.087；Nagelkerke R2 = 0.126；Hosmer 和 lemeshow 检验：卡方 = 6.557, sig = 0.585；模型百分比矫正:72.9%。

注：*** $p < 0.01$，** $p < 0.05$，* $p < 0.1$，（）内为参考类别。

结果显示,模型通过 hosmer 和 lemeshow 显著性检验,拟合效果良好。在本模型中,只有农户的生态补偿意愿、愿意接受的最低生态补偿标准以及愿意接受的生态补偿方式显著影响了农户的土地流转意愿。与生态补偿意愿对流转行为的影响相似,愿意接受生态补偿的农户其土地流转意愿较强烈,不愿意接受生态补偿的农户的土地流转意愿较低;在所提供的农户可能愿意接受的生态补偿方式中,现金、实物、优惠政策、技术帮扶和其他方式的系数为正,这些方式是提高农户流转意愿,农户较为愿意接受的生态补偿方式,其中技术帮扶对提高农户土地流转意愿具有较大作用;当最低生态补偿标准为 1500—2000 元时,农户的土地流转意愿最为强烈,生态补偿较低时,农户不愿意进行土地流转。

期望补偿标准和作为生态受益者农户愿意支付的生态补偿方式作为外围影响因素,也对农户的土地流转意愿产生了一定的影响,当补偿标准升高时,农户的流转意愿并不会随之增加;农户如果作为生态保护的受益者需要生态补偿时,现金和交税的方式有利于提升农户土地流转的积极性。

在农村土地流转的过程中实行相关生态补偿,例如对农户的生产行为给予技术帮扶等生态补偿,能够提高农户土地流转的积极性和生态保护意识,有助于提升农村土地的生态价值,进而影响土地流转主体的行为决策,提高土地流转效率。

第六章　土地流转研究中的土地承载力相关性分析

　　土地是人类生存的承载基础,具有生产承载、人口承载、生活承载等承载功能,体现出强大的综合承载功能,其中,农业生产承载是其基础承载功能。近年来土地综合承载力的研究逐步成为研究热点,由早期的人口承载逐步过渡到综合承载。随着社会人口的不断增加和生产力水平的日益提高,人类对土地资源的利用方式日趋多样化,对土地资源的需求也不断增长,需求快速增长,土地承载力水平也受到很大的影响。

　　科学测度土地综合承载力,有利于提升社会大众对土地价值的认知,促进土地资源保护和合理利用,推进土地流转意愿向流转行为的转化。同时提升承载力也有助于为土地流转租金的制定提供参考,进而影响土地流转行为与意愿。前述分析可知,不同区域不同自然条件下农户土地流转意愿和行为的影响因素存在差异,结合不同区域自然、经济、环境等因素测度的土地承载力可以充分体现区域间的差异,并且找到区域间土地承载的优势和短板,为吸引规模经营实体提供参考,有助于推进区域间土地承载力的平衡发展。

　　本章运用熵值法对河北省十一个地级市的土地承载力进行综合评价,并筛选出调研涉及的九个地级市的实证分析结果,找到承载力的短板进行深入分析,确定影响承载短板的因素。探寻调研区域土地承载力在土地流转中的作用程度进而推进土地流转行为与意愿的匹配,进一步运用调研数据和相关分析法,探讨了承载力与土地流转意愿与行为的相关关系,分析了不同空间下土地流转过程中的共性与个性问题,据相关分析结果进一步分析承载力的作用程度,分析土地流转意愿较低、流转行为较少的原因。

第一节　评价指标体系的构建与描述分析

一、评价指标体系的构建原则

土地综合承载力主要由土地生产承载力、土地人口承载力、土地生活承载力和土地生态承载力四大层面构成,建立选择一个全面系统的综合评价指标体系,需要遵循以下几大原则:

(一)科学性原则①

从土地综合承载力的机制出发,要求所选取的每个指标必须具有明确的概念,对于综合指标或经计算得到的指标,计算过程应科学合理,并且需基于理论基础和科学内涵,所选指标与研究目标高度相关,能够反映土地承载的基本特征。

(二)代表性原则

从土地生产、人口、生活、生态四大层面选取具有代表性的指标,由于土地承载力涉及的指标较多,很难做到面面俱到,因此在选取各层面的指标时要求能够突出概括该层面的承载力,能够高度概括或代表该类评价方面的主要信息,达到反映土地综合承载力的效果。

---

① 朱凤武:《江苏沿海地区土地综合承载力评价研究》,科学出版社 2015 年版,第 50—51 页。

（三）可比性原则①

所选指标来源于生态、生产和人口等不同层面,往往具有不同的量纲,并且选取的指标涉及不同的区域,为了便于对比从而找到短板进行分析,因此在选取指标的时候尽量选取相对指标,或者将绝对指标转换为相对指标,尽量减少绝对指标的使用。

（四）可得性原则

土地综合承载力是一个综合概念,既包括客观指标也包括主观指标,但主观指标往往具有主观性,统一标准难度大,并且有些指标难以量化,无法进入评价模型,所以最终的筛选指标应具备可得性和可量化性。

二、评价指标的构建

基于评价指标体系构建的四大原则,参照相关文献指标体系的构建,得到本章节土地综合承载力的指标体系如下表6-1所示:

三、数据来源和评价指标的说明

为提高数据的可比性,所选指标均为相对指标,在原始数据的基础上进行计算整理得到,经过筛选得到23项指标,数据来源于《中国城市统计年鉴》《中国环境年鉴》《河北经济年鉴》《河北农村统计年鉴》《河北省环境状况公报》《河北省水资源公报》等,下面对其中部分指标进行说明。

（一）土地生产承载指标

（1）有效灌溉面积比率（ X_1 ）:指该地区有效灌溉面积与总耕地面积的比值,反映出农田水利的建设情况,有效灌溉面积比率越大,土地的承载能

---

① 户艳领:《土地综合承载力评价在土地利用规划中的应用研究》,人民出版社2017年版,第50—52页。

表 6-1　土地综合承载力评价指标体系

目标层	系统层	指标层
土地综合承载力	土地生产承载力	人均耕地面积(亩)
		人均有效灌溉面积(亩)
		人均机耕面积(亩)
		人均农林牧副渔总产值(元)
		人均喷滴灌面积(亩)
		人均粮食作物产量(吨)
		农业投入产出率(%)
		人口密度(人/平方公里)
	土地人口承载力	农村人口自然增长率(‰)
		农村从业人员高中以上人数占比(%)
		城镇化率(%)
		人均 GDP(万元)
		农村经济占比(%)
		人均建设用地(平方米)
	土地生活承载力	城市建设用地占市区面积比重(%)
		农村居民家庭人均可支配收入(元)
		地均 GDP(万元/平方公里)
		人均地方财政一般预算收入(元)
		森林覆盖率(%)
		空气质量达到二级以上天数占全年比重(%)
	土地生态承载力	人均水资源量(立方米)
		一般工业固体废物综合利用率(%)
		可吸入细颗粒年平均浓度(微克/立方米)
		人均绿地面积(亩)

力越大。该指标属于正向指标,有效灌溉面积和耕地面积均来源于《河北农村统计年鉴》。

计算公式: $X_1 = \dfrac{S_{灌溉}}{S_总}$,式中, X_1 表示有效灌溉面积比率, $S_{灌溉}$ 表示年末耕地有效灌溉面积, $S_总$ 表示年末总耕地面积。

(2)人均喷滴灌面积(X_2):指该地区喷滴灌面积与年末总人口之间的比值,反映节水农业的发展状况,人均喷滴灌面积越大,说明节水农业的发展水平越高,农业生产的灌溉压力越小,承载能力越大。该项指标属于正向指标,喷滴灌面积来源于《河北农村统计年鉴》,年末总人口来源于《中国城市统计年鉴》。

计算公式: $X_2 = \dfrac{S_{喷滴灌}}{P_总}$,式中, X_2 表示人均喷滴灌面积, $S_{喷滴灌}$ 表示年末耕地喷滴灌面积, $P_总$ 表示年末总人口。

(3)人均机耕面积(X_3):指该地区机耕面积与年末总人口的比例,反映出农业生产的机械化水平,机械化水平越高,土地的生产能力越高,其承载能力越大。该项指标属于正向指标,机耕面积和耕地面积均来源于《河北农村统计年鉴》,年末人口来源于《中国城市统计年鉴》。

计算公式: $X_3 = \dfrac{S_{机耕}}{P_总}$,式中, X_3 表示人均机耕面积, $S_{机耕}$ 表示年末机耕面积, $P_总$ 表示年末总人口。

(4)农业投入产出率(X_4):指该地区农业的产出量与投入的劳动、资金总量之比,农业投入产出率越高,说明农村经济发展的效益越高。该项指标属于正向指标,农业投入产出率来源于《河北农村统计年鉴》。

(二)土地人口承载力指标说明

(1)农业从业人员中高中以上人数占比(X_5):指该地区农业从业人员高中以上人数占总从业人数的比重,反映农业从业人员的整体教育水平,农业从业人员中高中以上人数占比越高,说明从业人员的整体教育水平越高,土地的承载力越高。该项指标为正向指标,农业从业人员高中以上人数和农业从业人数数据均来源于《河北农村统计年鉴》。

计算公式: $X_5 = \dfrac{P_{高中以上人数}}{P_{从业总人数}} \times 100\%$,式中, X_5 表示农业从业人员高中以上人数占比, $P_{高中以上人数}$ 表示从业人数中高中以上人数, $P_{从业总人数}$ 表示农业从业的总人数。

(2)常住人口城镇化率(X_6):指该地区常住城镇人口与总人口的比重,反映了人口结构的特征,是土地建设规模的代表性指标。城镇化率越高,城镇土地所能承载的人口数量越大,进而说明土地承载力越大。该指标属于正项指标,常住城镇人口数和年末总人口数据均来源于《中国城市统计年鉴》。

计算公式: $X_6 = \dfrac{P_{城镇人口}}{P_{总人口}}$,式中, X_6 表示常住人口城镇化率, $P_{城镇人口}$ 表示常住城镇人口, $P_{总人口}$ 表示年末总人口数。

(三)土地生活承载力

(1)地均GDP(X_7):指该地区国内生产总值与区域土地面积之比,反映区域土地的经济承载力,地均GDP越高,土地的经济承载力越高。该项指标为正向指标,国内生产总值和区域土地面积均来源于《中国城市统计年鉴》。

计算公式为: $X_7 = \dfrac{S_{GDP}}{S_{面积}}$,式中, X_7 表示地均GDP, S_{GDP} 表示该地区的国内生产总值, $S_{面积}$ 表示该区域土地面积。

(2)人均建设用地面积(X_8):指该地区城市建设用地面积与该地区年末总人口的比值,反映了土地使用用途的承载划分,人均建设用地面积越大,表明土地承载力越大。该指标属于正向指标,城市建设用地面积和年末总人口数据均来源于《中国城市统计年鉴》。

计算公式：$X_8 = \dfrac{S_{建设用地}}{P_{总}}$，式中，$X_8$ 表示人均建设用地面积，$S_{建设用地}$ 表示城市建设用地面积，$P_{总}$ 表示年末总人口。

（3）人均地方财政一般预算收入（X_9）：指居民人均持有的地方财政，该指标属于正向指标，地方财政一般预算收入与年末总人口数据均来源于《中国城市统计年鉴》。

计算公式：$X_9 = \dfrac{IN_{财政}}{P_{总}}$，式中，$X_9$ 表示人均地方财政一般预算收入，$IN_{财政}$ 表示地方财政一般预算收入，$P_{总}$ 表示年末总人口。

（四）土地生态承载力

（1）空气质量达到二级以上天数占全年比重（X_{10}）：是对某一年空气环境质量评价最直接的指标，空气质量达到二级以上的天数越多，说明该区域的空气环境质量越好，土地的环境承载力水平越高。该项指标为正向指标，数据来源于《河北省环境状况公报》。

（2）可吸入细颗粒年平均浓度（X_{11}）：可吸入颗粒是空气污染物中的主要组成部分，能够反映出区域的空气质量。可吸入细颗粒年平均浓度越低，说明大气中污染物越少，区域的空气质量越好。该指标属于负向指标，数据来源于《中国城市统计年鉴》。

第二节　基于熵值模型的土地资源承载力实证分析

一、基于熵值模型的动态分析

（一）河北省各市土地资源承载力评价

经过上文评价指标体系的构建，根据熵值模型，可以得到各个指标的权重并筛选出调研涉及的河北省九个地级市近十年土地资源承载力的综合评价结果,分别如表6-2、表6-3所示。

表6-2　河北省2008—2017年熵值法指标权重

土地生产承载力	人均耕地面积	人均有效灌溉面积	人均机耕面积	人均农林牧副渔总产值	人均喷滴灌面积	人均粮食作物产量	农业投入产出率	合计
2008	0.0303	0.0207	0.0254	0.0100	0.0744	0.0202	0.0030	0.1838
2009	0.0288	0.0163	0.0190	0.0088	0.0631	0.0312	0.0027	0.1698
2010	0.0313	0.0171	0.0171	0.0088	0.0802	0.0207	0.0032	0.1784
2011	0.0286	0.0149	0.0180	0.0075	0.0787	0.0180	0.0032	0.1690
2012	0.0289	0.0249	0.0160	0.0072	0.1071	0.0199	0.0032	0.2072
2013	0.0255	0.0163	0.0174	0.0055	0.1428	0.0149	0.0063	0.2288
2014	0.0257	0.0162	0.0193	0.0051	0.1144	0.0151	0.0058	0.2016
2015	0.0289	0.0175	0.0199	0.0075	0.1146	0.0164	0.0048	0.2096
2016	0.0287	0.0173	0.0218	0.0093	0.1267	0.0233	0.0042	0.2314
2017	0.0298	0.0156	0.0145	0.0104	0.1119	0.0235	0.0042	0.2099
合计	0.2864	0.1768	0.1884	0.0802	1.0138	0.2033	0.0406	1.9895

土地人口承载力	人口密度	农村人口自然增长率	农村从业人员高中以上人数占比	城镇化率	人均GDP	合计
2008	0.1570	0.0035	0.0044	0.0020	0.0332	0.2001
2009	0.1400	0.0311	0.0035	0.0020	0.0231	0.1997
2010	0.1499	0.0160	0.0033	0.0018	0.0291	0.2001
2011	0.1335	0.1118	0.0026	0.0017	0.0338	0.2835
2012	0.1320	0.0447	0.0025	0.0018	0.0323	0.2134
2013	0.1185	0.0622	0.0022	0.0015	0.0262	0.2106
2014	0.1176	0.0247	0.0019	0.0014	0.0232	0.1688
2015	0.1294	0.0585	0.0021	0.0068	0.0347	0.2314
2016	0.1235	0.0141	0.0020	0.0011	0.0378	0.1785
2017	0.1173	0.0082	0.0020	0.0015	0.0245	0.1534
合计	1.3187	0.3748	0.0264	0.0217	0.2979	2.0395

续表

土地生活承载力	人均建设用地	城市建设用地占市区面积比重	农村居民家庭人均可支配收入	地均GDP	人均公共预算收入	合计
2008	0.0638	0.0434	0.0111	0.0972	0.0545	0.2700
2009	0.1458	0.0441	0.0110	0.0867	0.0464	0.3340
2010	0.0577	0.1076	0.0111	0.0909	0.0476	0.3149
2011	0.0457	0.0656	0.0098	0.0852	0.0403	0.2466
2012	0.0332	0.0666	0.0096	0.0838	0.0378	0.2310
2013	0.0322	0.0907	0.0080	0.0725	0.0329	0.2362
2014	0.0345	0.0744	0.0058	0.0744	0.0281	0.2172
2015	0.0452	0.0853	0.0055	0.0821	0.0327	0.2509
2016	0.0355	0.1266	0.0048	0.0774	0.0413	0.2857
2017	0.0318	0.1670	0.0029	0.0998	0.0340	0.3355
合计	0.5253	0.8714	0.0796	0.8501	0.3956	2.7220

土地生态承载力	森林覆盖率	空气质量达到二级以上天数占全年比重	人均水资源量	一般工业固体废物综合利用率	可吸入细颗粒年平均浓度	人均绿地面积	合计
2008	0.0705	0.0004	0.0953	0.0303	0.1302	0.0193	0.3461
2009	0.0435	0.0002	0.0936	0.0199	0.1215	0.0178	0.2965
2010	0.0482	0.0002	0.0892	0.0410	0.1109	0.0170	0.3065
2011	0.0264	0.0002	0.0806	0.0384	0.1037	0.0516	0.3009
2012	0.0205	0.0002	0.1165	0.0392	0.1188	0.0533	0.3485
2013	0.0164	0.0722	0.0426	0.0390	0.1041	0.0501	0.3244
2014	0.0126	0.0407	0.0846	0.0327	0.0819	0.1600	0.4124
2015	0.0061	0.0178	0.0507	0.0184	0.1638	0.0512	0.3080
2016	0.0086	0.0176	0.0658	0.0165	0.1496	0.0463	0.3044
2017	0.0049	0.0140	0.0805	0.0178	0.1491	0.0348	0.3012
合计	0.2579	0.1634	0.7993	0.2932	1.2337	0.5015	3.2490

如表 6-2 所示,2008—2017 年土地生产承载力、人口承载力、生活承载力、生态承载力的平均权重占比分别为 19.9%、20.4%、27.2%、32.5%,其中,土地生态承载力的平均权重占比最大,生产承载力的平均占比最小,这在一定程度上说明了土地在生态环境保护中的重要作用。在 23 个指标中,人均喷滴灌面积、人口密度和可吸入细粒年平均浓度的权重较高,分别为 1.0138、1.3187 和 1.2337;农业投入产出率、农村从业人员高中以上文化人员占比以及城镇化率的权重较低,分别为 0.0406、0.0264 和 0.0217,说明三个指标在评价指标体系中影响较低。

2008—2017 年,河北省九个地级市的土地资源承载力得分在不断变化,总体呈波浪式波动。其中唐山市与秦皇岛市的土地资源承载力得分呈下滑趋势;石家庄市、沧州市与衡水市有逐渐上升的趋势;其余的较为平稳,总体变动不大。此外,本章进一步分析了 2008—2017 年河北省九个地级市土地资源承载力得分趋势。

表 6-3　2008—2017 年河北省九个地级市土地资源承载力综合得分

	2008	2009	2010	2011	2012	2013	2014	2015	2016	2017
石家庄	0.078	0.077	0.094	0.083	0.077	0.085	0.073	0.075	0.080	0.088
唐山	0.103	0.095	0.093	0.092	0.095	0.081	0.086	0.074	0.072	0.077
秦皇岛	0.121	0.114	0.108	0.094	0.111	0.094	0.124	0.076	0.083	0.075
邢台	0.061	0.063	0.076	0.076	0.068	0.063	0.065	0.068	0.073	0.049
保定	0.074	0.117	0.075	0.076	0.073	0.076	0.074	0.074	0.074	0.071
张家口	0.110	0.105	0.110	0.105	0.116	0.134	0.126	0.118	0.116	0.117
承德	0.130	0.115	0.119	0.119	0.129	0.138	0.139	0.128	0.121	0.131
沧州	0.092	0.097	0.098	0.079	0.077	0.077	0.077	0.093	0.113	0.120
衡水	0.066	0.063	0.067	0.088	0.092	0.093	0.088	0.124	0.110	0.112

1. 石家庄市土地资源承载力得分趋势

如图 6-1 所示,2008 到 2017 年石家庄市土地资源承载力综合得分总体呈上下波动的趋势,最高值为 2010 年的 0.0944,最低值为 2014 年的 0.073,两者相差 0.0214,即十年间总变动为 0.0214。石家庄市土地资源承载力综合得分在经历 2008 年到 2009 年的小幅降低后,在一年时间内快速上升到最高值,即 2010 年的 0.0944,随后到 2012 年一直在降低,但并未降到最低点,到 2013 年又有较大幅度的增长后,在 2014 年降到了最低点 0.073,接下来的三年间又开始慢慢回升,至 2017 年没有超过期间内最大值。总体来看石家庄市的土地资源承载能力发展较为平稳,但其得分较低,所以石家庄市仍需在稳健的情况下提升土地资源承载能力。

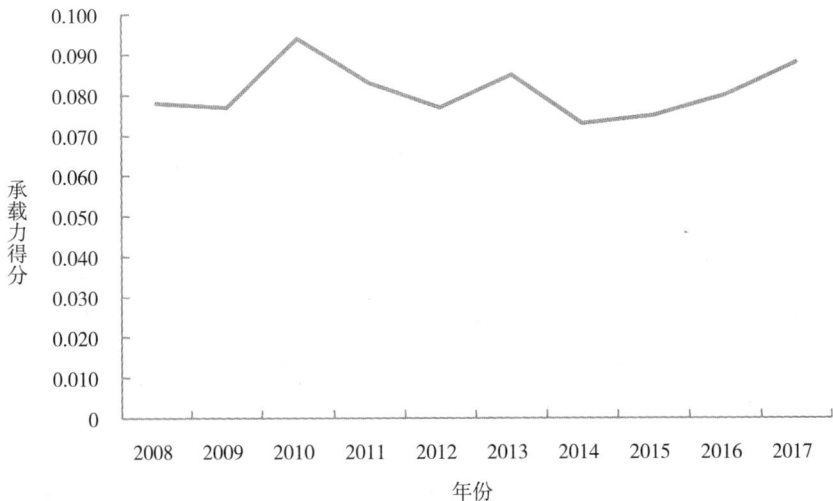

图 6-1 2008—2017 年石家庄市土地资源环境承载力得分趋势

2. 唐山市土地资源承载力得分趋势

如图 6-2 所示,唐山市近十年来土地资源承载力得分呈逐渐下降的趋势。2008 年土地资源承载力得分最高为 0.103,其后的三年都在略微地下降,2012 年有所回升,但在 2013 年又以大于回升的速度下降到 0.0805,2014 年又回升了 0.0054,接下来的两年持续下降,在 2016 年降到最低点 0.0715,与最高点相差 0.0315,随后一年又有所上升。虽然唐山市的土地资源承载力得分在起起伏伏,但其整体呈下降的趋势,所以唐山市应在发展经济的同时,加强土地资源承载能力的提升。

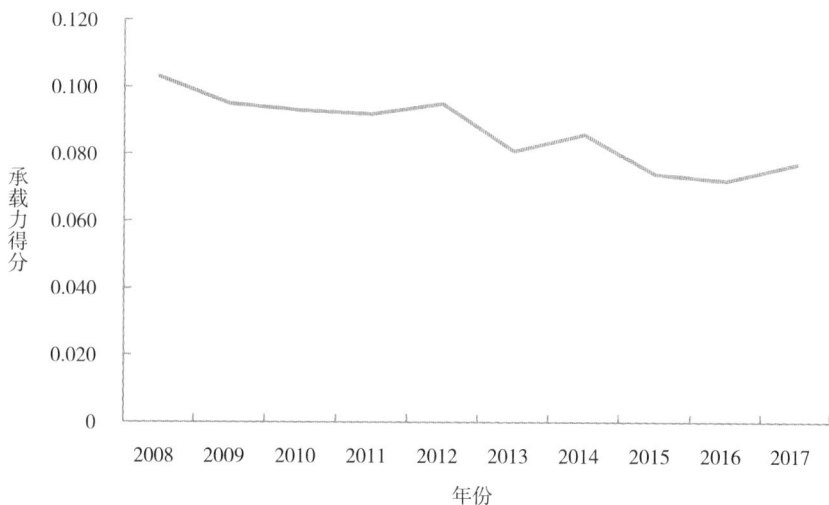

图 6-2　2008—2017 年唐山市土地资源环境承载力得分趋势

3. 秦皇岛市土地资源承载力得分趋势

如图 6-3 所示,秦皇岛市土地资源承载力得分上下起伏较大,整体呈倒"V"形,凸显了其下降的趋势。其最大值为 2014 年的 0.1237,最小值为 2017 年的 0.0767,两者相差 0.047,差距较大。从图中可以看到从 2008 年开始到 2011 年,秦皇岛市的土地资源承载力得分一直在下降,后又经过 2012—2014 年波动,于 2014 年达到最高点,随后一年又迅速下降,2017 年下降至最低点 0.0747。总体来说秦皇岛市土地资源承载能力呈下降趋势。

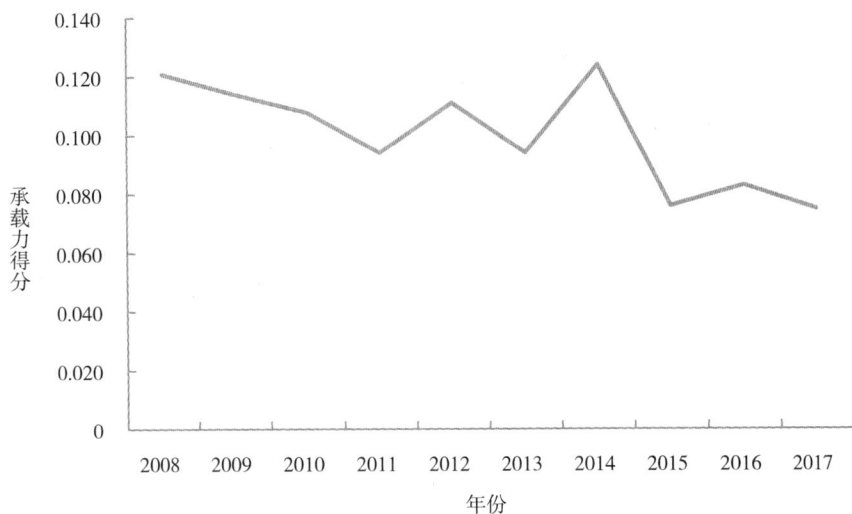

图 6-3 2008—2017 年秦皇岛市土地资源环境承载力得分趋势

4. 邢台市土地资源承载力得分趋势

如图 6-4 所示,邢台市土地资源承载能力得分总体呈现"M"形走向,出现两个波峰,在第一个波峰时达到最大值,即 2010 年的 0.076,在最后的下降趋势中出现最小值,即 2017 年的 0.0491,两者相差 0.0269,并且土地资源承载能力与其他市相比得分较低。从图中可以看到,2008—2010 年土地资源承载力得分一直在增长,并且在 2010 年达到最大值;随后的三年间土地资源承载力得分在缓慢地下降,2013 年到达第一个波谷;2014 年开始上升,到 2016 年到达第二个波峰,然而在 2017 年土地资源承载能力得分急速下降到近十年来的最低点。

5. 保定市土地资源承载力得分趋势

如图 6-5 所示,保定市土地资源承载能力得分除了一次较大的波动后,整体趋于平稳,变动不大。保定市土地资源承载能力得分在 2008—2009 年急速由 0.0742 增长到 0.117,随后一年间又急速降回 0.0751,经过

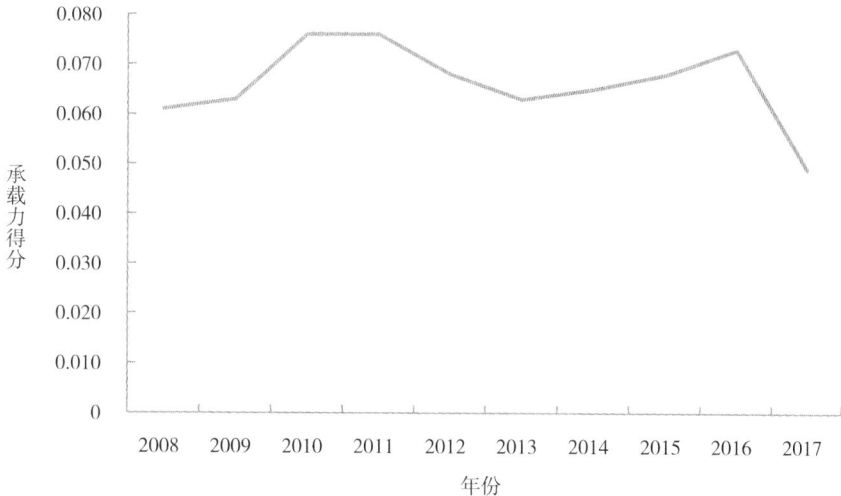

图 6-4　2008—2017 年邢台市土地资源环境承载力得分趋势

这次的大波动后,保定市土地资源承载能力得分波动开始趋于平缓,波动幅度很小,最大波幅仅为 0.0048,甚至土地资源承载能力得分在 2014 年与 2015 年持平;最小值出现在 2017 年为 0.0709,与最大值相差 0.0461;整体上保定市土地资源承载能力发展较为平稳。

6. 张家口市土地资源承载力得分趋势

如图 6-6 所示,张家口市土地资源承载能力得分平稳中略有提升,存在一个较大的波峰。2008—2012 年张家口市土地资源承载能力得分在小幅的降与升中循环;2012 年后持续上升一年,2013 年达到最大值 0.1336,与 2009 年的最小值 0.1052 相差 0.0284;随后 2014 年张家口市土地资源承载能力得分开始小幅度持续下降。总体来说张家口市土地资源承载能力得分较高。

7. 承德市土地资源承载力得分趋势

如图 6-7 所示,承德市土地资源承载能力得分趋势较为平缓,且综合

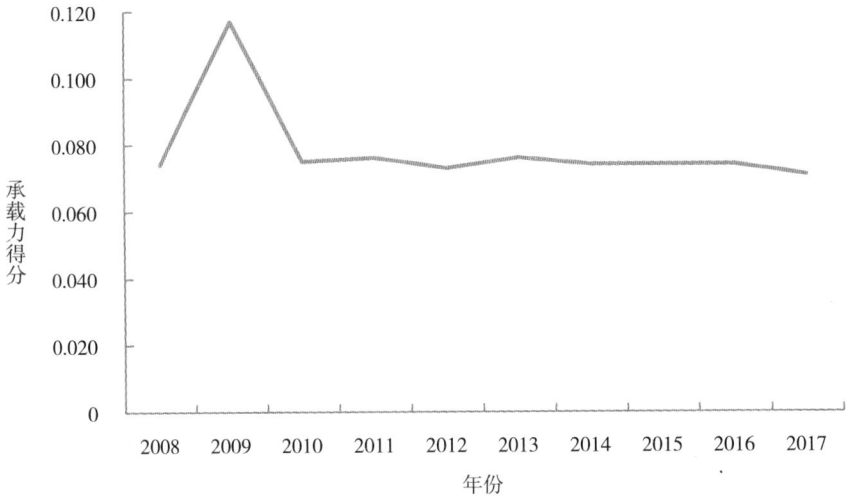

图 6-5　2008—2017 年保定市土地资源环境承载力得分趋势

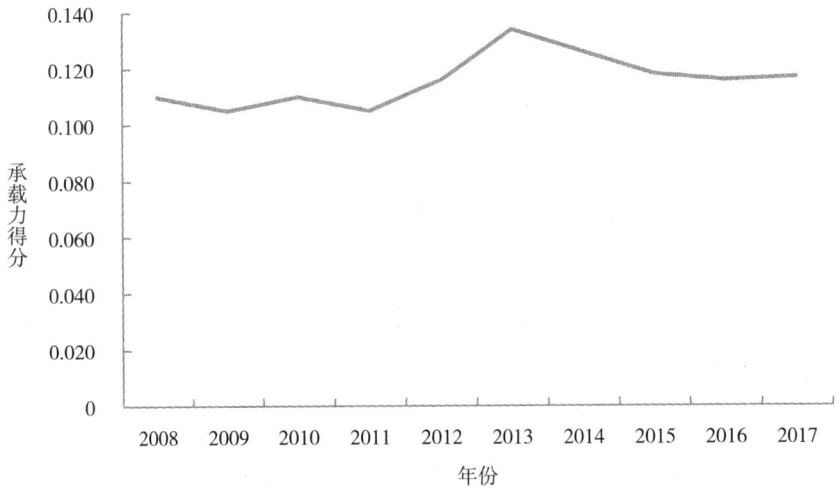

图 6-6　2008—2017 年张家口市土地资源环境承载力得分趋势

得分较高。从图中可以看出,2014 年承德市土地资源承载能力得分最高为 0.139,2009 年得分最低为 0.1147,最高与最低相差 0.0243;2008 年到 2009

年承德市土地资源承载能力得分较快地下降后,2009以后到2014年持续上升,并在2014年达到最大值;随后的两年间开始下降;2017年又有所回升。总体来看承德市土地资源承载能力较为稳定。

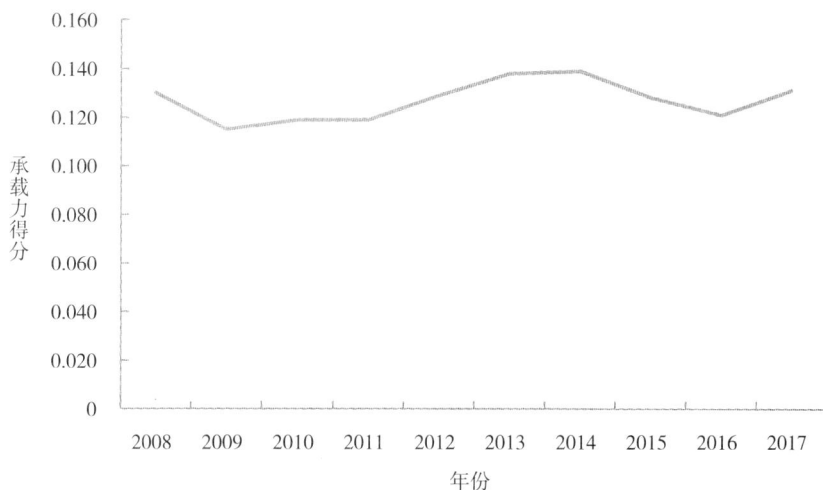

图6-7 2008—2017年承德市土地资源环境承载力得分趋势

8. 沧州市土地资源承载力得分趋势

如图6-8所示,沧州市土地资源承载能力得分总体呈"U"形,且有明显的上涨趋势。2008—2010年沧州市土地资源承载能力得分一直保持小幅度的上涨;后经历两年较大幅度的降低,在2012年得分最低为0.0767;随后在2013年持续增长,且2015年到2017年涨幅最大,在2017年达到十年来的最大值0.1204,与最小值相差0.0438,变动较大。

9. 衡水市土地资源承载力得分趋势

如图6-9所示,衡水市土地资源承载能力得分总体呈增长趋势。2008—2009年衡水市得分有略微的下降,在2009年降为最低值0.0634;随后开始波动上升,并且在2015年达到最高值0.1242,与2009年最低值的差

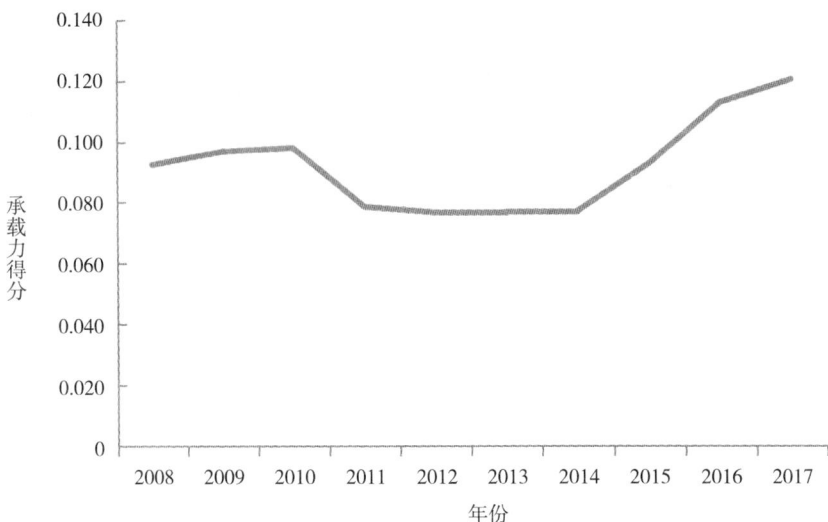

图 6-8 **2008—2017 年沧州市土地资源环境承载力得分趋势**

为 0.0608；2017 年衡水市土地资源承载能力得分 0.1119，虽未高过 2015 年的最高值，但与 2008 年相比高出许多。综上所述，衡水市土地资源承载能力得分虽然波动较大，但整体呈上升趋势，即衡水市土地资源承载能力在不断上升。

二、基于熵值模型的土地资源承载力静态分析

为科学反映土地流转中的地区差异，可以对不同区域的土地资源承载力进行横向对比分析，为增加对比的科学性，本书选择 2015—2017 年三年中土地资源承载力的平均得分，进行横向空间比较。根据第二章所给的熵值法计算步骤，将经过预处理的数据带入公式，计算并筛选得到调研涉及的河北省九个地级市 2015—2017 年土地综合平均承载力得分如表 6-4 所示，通过熵值模型得到各系统层的得分，可以看出土地生活承载力和土地生态承载力得分较高，表明河北省农村经济以及土地生态状况较好，但是从各个地级市的得分也可以看出，土地生活和生态承载力的发展地区差异比较大。

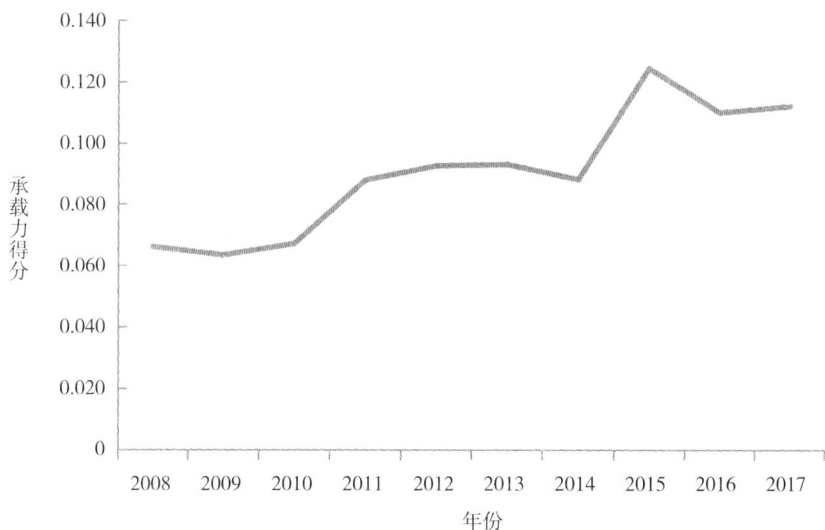

图 6-9 2008—2017 年衡水市土地资源环境承载力得分趋势

整体上在河北省土地承载力各系统得分构成中,土地生产承载力和人口承载层面得分较低,是河北省土地综合承载力的短板所在,主要是因为河北省农业发展的机械化水平、农业生产效率较低以及农业从业人口的教育水平较低。这些因素成为制约河北省土地可持续发展的主要因素,因此需要进一步规范有序推进土地流转,发展适度规模经营,提升农村土地资源承载力。

表 6-4 2015—2017 年河北省九个地级市土地综合平均承载力及排名

	生产承载力	人口承载力	生活承载力	生态承载力	综合得分	排名
承德市	0.037127	0.040293	0.01442	0.034651	0.126492	1
张家口市	0.041677	0.030443	0.013426	0.031677	0.117222	2
衡水市	0.027094	0.009656	0.017318	0.061235	0.115303	3
沧州市	0.015594	0.009767	0.058008	0.025304	0.108673	4
石家庄市	0.01178	0.007795	0.040069	0.021261	0.080905	5

	生产承载力	人口承载力	生活承载力	生态承载力	综合得分	排名
秦皇岛市	0.011821	0.01125	0.028339	0.026623	0.078033	6
唐山市	0.012949	0.008546	0.035984	0.016709	0.074188	7
保定市	0.01093	0.009517	0.019285	0.033338	0.073069	8
邢台市	0.017221	0.009195	0.021177	0.015629	0.063222	9

如图6-10所示,河北省近三年土地综合平均承载力较高的城市为承德市、张家口市和衡水市,综合承载力分别为0.126、0.117和0.115,承载力水平较低的城市为邢台市和保定市,综合承载力分别为0.063和0.073。河北省九个地级市的土地综合承载力的得分差距较大,结合图6-10可知,石家庄市、唐山市等土地生活承载力较大,但是其综合承载力较低,说明其土地生产、人口、生态承载力存在短板。因此,各地级市应根据自身的得分情况,确定发展的优势和短板,逐步提高土地的综合承载力。

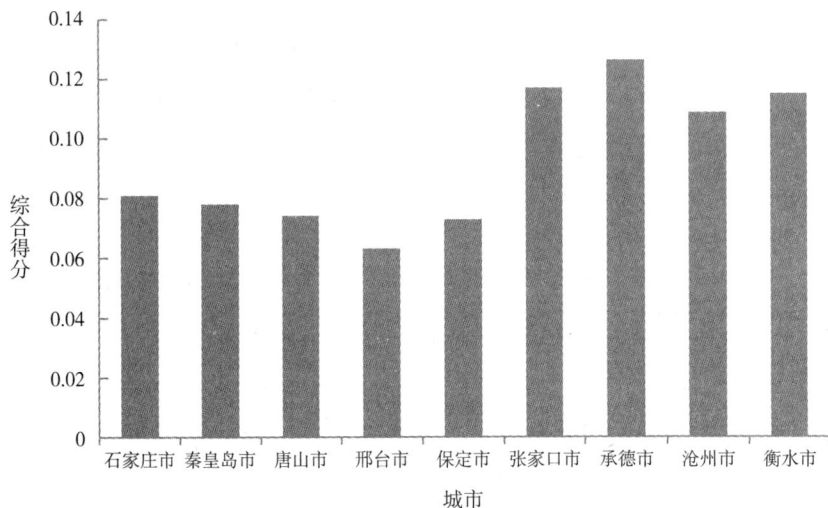

图6-10 2015—2017年河北省九个地级市土地综合承载力

第三节　土地流转行为、意愿与土地
综合承载力的相关分析

　　土地流转反映出人与自然和人与社会的关系,需要经济、社会和生态的综合平衡。在土地流转过程中,应不断完善土地资源的合理有效配置。经济效益、社会效益、生态效益构成了土地的综合承载系统,因此在土地流转研究和推进中应将土地资源承载力概念引入。为探究二者的关系,将调研得到的石家庄市、保定市、张家口市、承德市、衡水市、邢台市、秦皇岛市、唐山市和沧州市这9个地级市土地流转意愿与行为的数据,与上文得到的相对应地级市土地综合承载力得分进行相关分析。

一、土地流转行为与土地综合承载力的相关分析

　　本节综合"贫困山区县农村土地流转与土地承包权益调查""白洋淀流域资源环境与生态保护调研"和"河北省资源环境现状调研"三次调研数据,计算各地区有土地流转行为的农户占比,并将其与各地区的土地综合承载力得分数据带入 SPSS,设定为数值型数据,进行相关分析得到如表 6-5 所示的流转行为与土地综合承载力得分的相关性,可以看出土地流转行为与土地综合承载力之间的相关系数为-0.02,但显著性水平显示接受原假设,两者之间相关关系并不显著,这在一定程度上反映出土地综合承载力,在农户进行土地流转行为过程中的作用或影响程度较低,并没有发挥应有的作用。

表6-5　流转行为与土地综合承载力得分的相关性

		流转行为	土地综合承载力
流转行为	Pearson 相关性	1.000	-0.020
	显著性(双侧)		0.958
	N	9	9
土地综合承载力	Pearson 相关性	-0.020	1.000
	显著性(双侧)	0.958	
	N	9	9

二、土地流转意愿与土地综合承载力的相关分析

根据调研数据计算各地区有土地流转意愿的农户占比,并将其与各地区的土地综合承载力数据带入 SPSS,设定为数值型数据,进行相关分析得到如表6-6所示的流转意愿与土地综合承载力得分的相关性,可以看出土地流转意愿与土地综合承载力之间的相关系数为0.083,但显著性水平显示接受原假设,反映出土地综合承载力对农户的土地流转意愿影响并不显著。

表6-6　流转意愿与土地综合承载力得分的相关性

		流转意愿	土地综合承载力
流转意愿	Pearson 相关性	1.000	0.083
	显著性(双侧)	.	0.831
	N	9	9
土地综合承载力	Pearson 相关性	0.083	1.000
	显著性(双侧)	0.831	.
	N	9	9

三、土地承载力分析在规范有序推进土地流转中的应用分析

通过对流转意愿、流转行为与土地综合承载力之间的相关检验,发现流转意愿、流转行为与土地综合承载力相关关系微弱,理论上综合承载力将影响土地流转租金的制定进而影响土地流转行为与意愿,因此可以推测承载力在土地流转中的作用尚未充分显现出来,或者土地综合承载力对农户土地流转意愿和流转行为的影响存在一定的阈值,现阶段由于未达到影响阈值导致对土地流转意愿和行为的影响并不显著。本部分在上述分析的基础上,进一步结合调研数据对不同地区土地流转所存在的个性问题进行分析,从而找到各市的优势和短板所在,发挥其优势,补齐短板,从而达到最优的状态。

通过熵值模型分析得到各市土地综合承载力得分,张家口市和承德市土地综合承载力得分最高,其流转意愿也是最高的,分别为 50.5% 和 63.1%,数据上表现出较高的一致性。张家口市和承德市位于河北省北部,多为山地、丘陵地形,自然环境较好,但是其经济发展水平较差,土地开发程度较低。因此,在土地综合承载力中张家口和承德两市的土地生活承载力水平较低,但是其土地生产承载力、土地人口承载力、土地生态承载力水平较大,综合承载力水平较高。两市的经济发展水平较低,但土豆等农产品种植自然条件较好,通过实地调研发现有较多的外来人口在张家口、承德地区承包土地,种植土豆、菜花等,且综合考虑流转租金以及土地收益等因素,一般农户流转后的综合收益要高于流转前的收益,因此该地区农户的流转意愿较高。除张家口市和承德市外,衡水市的土地综合承载力水平位居第三名,但是其流转意愿与其他市相比较低,仅为 42.3%,衡水市土地生产、人口、生活、生态承载力发展较为均衡,差异较小,土地的生活承载力与其他市相比较低。

土地综合承载力得分最低的两个城市分别是邢台市和保定市,其流转

意愿较高,分别为 50.29% 和 50.06%。2016 年,保定市土地人口承载力最差,保定市农村人口自然增长率处于较低水平,而且伴随着近些年来农村人口向城镇流动,农村劳动力减少,同时保定农村从业人员教育水平在全省处于较低水平,由于保定市这两项指标与其他地区存在较大的差距,从而影响了保定市土地综合承载能力。邢台市人均绿地面积是河北省地级市中最小的城市,且空气质量达到二级以上天数占全年比重较低,可吸入细颗粒年平均浓度较高,生态承载力较低,从而导致邢台市土地综合承载力较低。这两个城市的短板在于土地人口承载力和土地生态承载力,因此在推进农村土地流转过程中,应更加注重生态环境治理,从而弥补承载短板,进一步提高农户的土地流转意愿。从农户的土地流转行为方面看,制定农村土地租金标准时应考虑到土地的综合承载力,适当提升高承载力土地的流转租金,促进农户土地流转行为的发生。

第七章　土地流转研究中的生态足迹相关性分析

　　2017年中共中央办公厅、国务院办公厅印发了《关于创新体制机制推进农业绿色发展的意见》，指出"优化乡村种植、养殖、居住等功能布局，拓展农业多种功能，打造种养结合、生态循环、环境优美的田园生态系统"[①]。在土地流转过程中不仅要考虑土地资源承载力和土地带来的经济效益，也要注重生态环境保护，规模化经营必须降低对生态环境的不合理扰动，合理开发利用土地，增强土地的生态承载力，推进经济与环境的协同发展。因此，农户的土地流转意愿还会受到生态效率、生态补偿金额等因素的影响，在生态环境利用程度和经济发展水平的共同影响下作用于土地流转行为。生态足迹可以很好地描述人类对于自然的利用程度，生态效率兼顾生态环境和经济发展，可以反映出经济系统在生态系统基础上的一种生产效率，二者的科学测度是制定生态补偿标准的重要参考，而生态补偿的合理实施也将进一步推进土地流转意愿和流转行为的匹配。

　　本章在第六章的研究基础之上，运用生态足迹模型对河北省十一个地级市的生态足迹、生态承载力、生态盈余（赤字）以及生态效率进行计算，并

---

　　① 《中共中央办公厅　国务院办公厅印发〈关于创新体制机制推进农业绿色发展的意见〉》，《人民日报》2017年10月1日。

针对调研涉及的九个地级市的实证分析结果,运用调研数据展开土地流转行为、流转意愿与生态盈余(赤字)、生态效率的相关分析,从而确定调研区域生态足迹、生态效率在土地流转中的作用程度。根据相关分析的结果进一步分析在不同空间下土地流转过程中的共性与个性问题。

第一节 评价指标体系的构建及数据来源

一、评价指标体系的构建

生态足迹模型,主要思想是把人们在日常生活中产生的废弃物和消耗的物质通过一定的转化因子转化为可以进行比较的面积单位。生态足迹法常常用来计算人们在不变的生产生活方式下,消耗物质的程度以及所研究区域自然禀赋所能够提供的承载力,它可以用来测度人类对于自然的利用程度。社会、经济发展、城市发展进程中,人们的生产力水平和消费水平也在逐渐提高,因此人们对自然资源的利用对生态系统造成了巨大的压力,由此产生的生态环境问题不容忽视。人们在平时的生产活动中,关注的焦点从单纯地关注经济效益转向经济的可持续发展。因此计算地区的承载力情况成为当下学者的一个研究热点。为了研究不同区域土地流转情况,先使用生态足迹法计算出河北省十一个地级市的生态足迹和生态承载力,并将调研涉及的九个地级市的计算结果筛选出来,结合调研数据比较不同城市对于生态系统的利用程度有何不同。

在计算生态足迹时,指标体系理论上可以分为三层。第一层为生态足迹,生态承载力,生态盈亏;第二层为生态生产性土地;第三层为六种生态生产性土地上的项目。根据河北省的实际情况构建的指标体系见表7-1。

表 7-1　生态足迹法指标体系的构建

目标层	生态生产性土地	项目
生态足迹	耕地	小麦,稻谷,玉米,豆类,薯类,棉花,花生,蔬菜
	草地	牛羊猪肉,牛奶,禽蛋
	林地	木材
	水域	水产品
	化石燃料用地	天然气,液化石油气
	建筑用地	电力
生态承载力	六种生态生产性土地	六种生态生产性土地实际面积
生态盈亏	六种生态生产性土地	六种生态生产性土地实际面积

* 根据数据的可得性表中所列数据只是各种生态性土地项目的一部分,并且理论上生态足迹的计算需要的是消费量,本章节中均由消费量代替。

在计算过程中必须使用转化因子,将不同种生态生产性土地上的项目转化为可以进行比较的面积单位。均衡因子和产量因子是生态足迹计算过程中使用的转化因子,本文参考 William E.Rees(1992),徐中民、陈东景等(2002),黄惠(2013)使用的转化因子简表,如表 7-2 所示。

表 7-2　转化因子表

生态生产性土地	均衡因子	产量因子
耕地	2.8	1.66
林地	1.1	0.91
水域	0.2	1
草地	0.5	0.19
化石燃料用地	1.1	0
建筑用地	2.8	1.66

二、数据来源

计算过程中使用的耕地、草地、水域三种生态生产性土地上的项目生产量以及各城市总人口数、地区生产总值来源于《河北省经济年鉴》；林地生态生产性土地的生产量来源于河北省林业统计数据管理系统中 2015—2017 年的数据表；化石燃料用地和建筑用地两种生态生产性土地上的项目消费量来源于《中国城市年鉴》。计算各城市承载力时候所使用的六种生态生产性土地的面积来源为：建筑用地来源于《中国城市年鉴》；水域面积来源于 2015—2017 年河北省水资源公报（原数据为水资源总量，通过 3140公顷/立方米转化为水域面积）；化石燃料用地是指吸收化石燃料燃烧过程中排放 CO_2 所需的林地面积以及储藏化石能源的用地面积，由于储藏化石能源用地面积不易计算，因此本文在计算化石燃料用地的生态承载力时仅考虑吸收 CO_2 所需的林地面积，并将其与林地统一计算[①]；耕地、草地、林地来源于《河北省经济年鉴》《河北省农村统计年鉴》《中国林业统计年鉴》以及各市的《统计年鉴》。

第二节 生态足迹、生态承载力与生态盈余计算

一、2015—2017 年各市人均生态足迹

根据上述生态足迹理论的介绍和评价指标的构建，可以计算出河北省各地市 2015—2017 年的生态足迹，从中选出调研涉及的九个地市进行分析。分别如表 7-3、表 7-4、表 7-5 所示：

---

① 尹璇、倪晋仁、毛小苓：《生态足迹研究述评》，《中国人口·资源与环境》2004 年第5 期。

从表7-3可知,在2015年中,唐山市的人均生态足迹最高,沧州市的人均生态足迹最低,二者分别为4.4047公顷和1.2984公顷。整体上看,河北省各个城市之间的人均生态足迹差距较大,极差为3.1063公顷。在六种生态生产性土地中,耕地生态足迹各城市由小到大排名为:承德、张家口、秦皇岛、保定、石家庄、沧州、邢台、唐山、衡水;草地生态足迹各城市由小到大排名为:沧州、邢台、衡水、承德、秦皇岛、保定、石家庄、唐山、张家口;林地生态足迹各城市由小到大排名为:沧州、石家庄、邢台、保定、衡水、唐山、张家口、承德;水域生态足迹各城市由小到大排名为:邢台、衡水、张家口、石家庄、保定、承德、沧州、唐山、秦皇岛;化石燃料用地生态足迹各城市由小到大排名为:邢台、衡水、沧州、张家口、承德、保定、唐山、石家庄、秦皇岛;建筑用地生态足迹各城市由大到小排名为:邢台、保定、衡水、沧州、承德、张家口、石家庄、秦皇岛、唐山。

表7-3 2015年河北省九个地级市人均生态足迹   单位:公顷

城市	耕地	草地	林地	水域	化石燃料用地	建筑用地	人均生态足迹
石家庄市	0.7219	1.7027	0.00002	0.0227	0.0518	0.0221	2.5212
唐山市	0.7746	3.0177	0.00009	0.5116	0.0344	0.0664	4.4047
秦皇岛市	0.4592	1.0231	0.00003	0.8414	0.0623	0.0319	2.4179
邢台市	0.7341	0.6714	0.00002	0.0084	0.0040	0.0065	1.4245
保定市	0.6356	1.0677	0.00003	0.0329	0.0101	0.0072	1.7534
张家口市	0.4563	3.2070	0.00014	0.0192	0.0065	0.0145	3.7036
承德市	0.4545	0.9427	0.00036	0.0725	0.0080	0.0115	1.4897
沧州市	0.7316	0.4267	0.00001	0.1244	0.0056	0.0100	1.2984
衡水市	1.0375	0.8021	0.00006	0.0133	0.0041	0.0098	1.8668

从表 7-4 可知，在 2016 年中，唐山市的人均生态足迹最高，沧州市的人均生态足迹最低，二者分别为 4.2526 公顷和 1.3733 公顷。整体上看，河北省各个城市之间的人均生态足迹差距较大，极差为 2.8793 公顷。在六种生态生产性土地中，耕地生态足迹各城市由小到大排名为：秦皇岛、张家口、承德、保定、石家庄、邢台、沧州、唐山、衡水；草地生态足迹各城市由小到大排名为：沧州、邢台、衡水、承德、秦皇岛、保定、石家庄、唐山、张家口；林地生态足迹各城市由小到大排名为：沧州、石家庄、保定、邢台、秦皇岛、张家口、衡水、唐山、承德；水域生态足迹各城市由小到大排名为：邢台、衡水、张家口、石家庄、保定、承德、沧州、唐山、秦皇岛；化石燃料用地生态足迹各城市由小到大排名为：沧州、张家口、承德、衡水、保定、秦皇岛、邢台、唐山、石家庄；建筑用地生态足迹各城市由大到小排名为：保定、邢台、沧州、承德、衡水、张家口、石家庄、秦皇岛、唐山。

表 7-4 2016 年河北省九个地级市人均生态足迹　　单位：公顷

城市	耕地	草地	林地	水域	化石燃料用地	建筑用地	人均生态足迹
石家庄市	0.7054	1.6314	0.00002	0.0207	0.0513	0.0219	2.4308
唐山市	0.7714	2.8493	0.00012	0.5556	0.0343	0.0420	4.2526
秦皇岛市	0.4451	0.9802	0.00004	0.8372	0.0104	0.0327	2.3056
邢台市	0.7306	0.6763	0.00003	0.0077	0.0129	0.0094	1.4369
保定市	0.6344	1.0471	0.00002	0.0328	0.0099	0.0078	1.7320
张家口市	0.4668	3.3496	0.00007	0.0191	0.0069	0.0183	3.8607
承德市	0.4729	0.9566	0.00033	0.0757	0.0082	0.0116	1.5252
沧州市	0.7393	0.4740	0.00002	0.1438	0.0055	0.0106	1.3733
衡水市	1.0237	0.8143	0.00009	0.0136	0.0086	0.0119	1.8721

从表7-5可知,在2017年中,唐山市的人均生态足迹最高,沧州市的人均生态足迹最低,二者分别为3.3027公顷和1.2034公顷。整体上看,河北省各个城市之间的人均生态足迹较大,极差为2.0993公顷。2017年在六种生态生产性土地中,耕地生态足迹各城市由小到大排名为:秦皇岛、承德、张家口、保定、石家庄、唐山、沧州、邢台、衡水;草地生态足迹各城市由小到大排名为:沧州、邢台、衡水、秦皇岛、保定、承德、石家庄、唐山、张家口;林地生态足迹各城市由小到大排名为:承德、秦皇岛、保定、沧州、唐山、张家口、衡水、邢台、石家庄;水域生态足迹各城市由小到大排名为:邢台、衡水、石家庄、张家口、保定、承德、沧州、唐山、秦皇岛;化石燃料用地生态足迹各城市由小到大排名为:沧州、衡水、承德、邢台、张家口、保定、唐山、石家庄、秦皇岛;建筑用地生态足迹各城市由大到小排名为:保定、衡水、张家口、邢台、沧州、承德、石家庄、秦皇岛、唐山。

表7-5　2017年河北省九个地级市人均生态足迹　　单位:公顷

城市	耕地	草地	林地	水域	化石燃料用地	建筑用地	人均生态足迹
石家庄	0.6498	1.2036	0.00021	0.0139	0.2356	0.0485	2.1515
唐山市	0.6510	1.9081	0.00009	0.4570	0.1849	0.1017	3.3027
秦皇岛市	0.4227	0.7405	0.00007	0.8794	0.3196	0.0499	2.4122
邢台市	0.7149	0.4857	0.00013	0.0051	0.0403	0.0320	1.2781
保定市	0.5721	0.7426	0.00007	0.0196	0.0532	0.0301	1.4177
张家口市	0.4938	2.2840	0.00010	0.0143	0.0518	0.0318	2.8758
承德市	0.4711	0.7841	0.00006	0.0375	0.0311	0.0435	1.3674
沧州市	0.6708	0.3516	0.00008	0.1230	0.0193	0.0386	1.2034
衡水市	1.1298	0.6512	0.00012	0.0099	0.0303	0.0307	1.8519

综上所述,在2015—2017年三年间,唐山市的人均生态足迹最高,沧州

市的人均生态足迹最小,极差越来越小。同时可以看出,在这九个城市中都是林地的生态足迹最小,大多数城市的耕地和草地的生态足迹较大。在调研走访过程中发现各地产业发展存在差异,如在张家口受访者中放牧是一项主要的收入方式,秦皇岛由于近海,渔业是受访者的一项重要收入方式,这一现象在计算的生态足迹中也可以反映出来,张家口的草地生态足迹是九个城市中最大的,秦皇岛的水域生态足迹是九个城市中最大的。调研城市的资源禀赋不同,使得地区间的生产存在差异,因此造成六种生态生产性土地上生态足迹不同的情况。

二、2015—2017 年各市人均生态承载力

如表7-6所示,在2015年中,张家口的生态承载力最大,保定的生态承载力最小,二者分别为 1.0642 公顷和 0.2818 公顷。整体看来,在九个地级市中,大部分地区的耕地人均生态承载力在生态承载力系统中占比最大,只有承德市是林地的人均生态承载力最大。同时可以看出,在九个城市中耕地和草地人均生态承载力最大的城市均为张家口;林地和水域人均生态承载力最大的城市为承德;建筑用地人均生态足迹最大的城市为秦皇岛。

表7-6　2015 年河北省九个地级市人均生态承载力　单位:公顷

	耕地	林地	草地	水域	建筑用地	人均生态承载力
石家庄市	0.2317	0.0449	0.00039	0.0070	0.0105	0.2945
唐山市	0.3011	0.0130	0.00139	0.0120	0.0114	0.3389
秦皇岛市	0.2610	0.0666	0.00000	0.0184	0.0183	0.3642
邢台市	0.3638	0.0414	0.00140	0.0047	0.0050	0.4163
保定市	0.2437	0.0181	0.00220	0.0103	0.0075	0.2818
张家口市	0.8126	0.2066	0.01891	0.0186	0.0075	1.0642
承德市	0.4279	0.5213	0.00589	0.0226	0.0072	0.9849

	耕地	林地	草地	水域	建筑用地	人均生态承载力
沧州市	0.4147	0.0032	0.00000	0.0113	0.0038	0.4329
衡水市	0.5107	0.0057	0.00000	0.0071	0.0039	0.5273

如表7-7所示,在2016年中,张家口市的人均生态承载力最大,保定市的人均生态承载力最小,二者分别为1.0661公顷和0.2789公顷。承德市人均生态承载力最大的生态生产性土地类型为林地,其余城市人均生态承载力最大的生态生产性土地类型为耕地,由此可见耕地在河北省六大生态生产性土地类型中处于重要的地位。在六大生态生产性土地类型中,耕地、草地人均生态承载力最大的城市为张家口;林地人均生态承载力最大的城市为承德;水域、建筑用地人均生态承载力最大的城市为秦皇岛。

表7-7　2016年河北省九个地级市人均生态承载力　　　单位:公顷

	耕地	林地	草地	水域	建筑用地	人均生态承载力
石家庄	0.2293	0.0445	0.00039	0.0173	0.0104	0.3018
唐山市	0.3038	0.0130	0.00138	0.0165	0.0113	0.3459
秦皇岛市	0.2585	0.0660	0.00000	0.0405	0.0180	0.3830
邢台市	0.3603	0.0043	0.00139	0.0182	0.0049	0.3891
保定市	0.2425	0.0180	0.00219	0.0101	0.0061	0.2789
张家口市	0.8113	0.2061	0.01884	0.0212	0.0087	1.0661
承德市	0.4271	0.5204	0.00588	0.0351	0.0072	0.9956
沧州市	0.4114	0.0031	0.00000	0.0047	0.0038	0.4230
衡水市	0.5076	0.0056	0.00000	0.0080	0.0067	0.5280

如表7-8所示,在2017年中,河北省这九个地级市人均生态承载力水平最高的为张家口市,最低的为保定市,二者分别为1.0641公顷和0.2732公顷。除承德市人均生态承载力最高的为林地外,其他八个城市人均生态承载力最高的生态生产性土地类型为耕地。在六大生态生产性土地类型中,耕地、草地人均生态承载力最高的城市为张家口;林地、水域人均生态承载力最高的城市为承德;建筑用地人均生态承载力最高的城市为秦皇岛。

表7-8   2017年河北省九个地级市人均生态承载力   单位:公顷

	耕地	林地	草地	水域	建筑用地	人均生态承载力
石家庄	0.2443	0.0474	0.00041	0.0088	0.00014	0.3011
唐山市	0.3028	0.0130	0.00139	0.0142	0.00017	0.3316
秦皇岛市	0.2582	0.0660	0.00000	0.0183	0.00018	0.3427
邢台市	0.3581	0.0226	0.00138	0.0071	0.00007	0.3892
保定市	0.2733	0.0181	0.00221	0.0102	0.00011	0.2732
张家口市	0.8199	0.2083	0.01905	0.0167	0.00009	1.0641
承德市	0.4303	0.5245	0.00592	0.0365	0.00010	0.9973
沧州市	0.4123	0.0032	0.00000	0.0043	0.00011	0.4199
衡水市	0.5083	0.0057	0.00000	0.0063	0.00008	0.5203

2015—2017年人均生态承载力最高的城市均为张家口,虽然张家口市的耕地面积最大,由此计算出的耕地承载力也最大,但是在生态足迹的计算中,张家口的耕地足迹并不是最大,这是因为张家口虽然耕地面积很大,但是其耕地质量条件较差,如调研过程中一些受访者表示他们的耕地很多都是盐碱地不符合种植小麦、玉米、水稻等高产量作物,适宜种植的农作物莜麦产量非常低。综上所述,张家口虽然拥有广阔的耕地面积,丰富的耕地承载力,但是耕地的综合利用率较低。秦皇岛的建筑用地承载力最大,但并没

有与其他城市拉开较大的差距,各个城市之间的建设用地的人均生态承载
力较为均衡。

三、2015—2017 年各市生态盈亏情况

如表 7-9 所示,在 2015 年中,张家口市和承德市的人均生态承载力较
高,人均生态承载力在 1 公顷左右,但是张家口市的人均生态足迹较高,导
致张家口市的生态赤字较高。唐山市的人均生态足迹最高,达到了 4.4047
公顷,并且人均生态承载力较低,导致生态赤字在九个地级市中最高。石家
庄市和秦皇岛市的人均生态足迹在 2.5 公顷左右,人均生态足迹处于较低
水平,二者的生态赤字较高,均超过 2 公顷。承德市和沧州市的生态赤字均
未超过 1,承德市的生态赤字最低,仅为 0.5048 公顷。其余城市的生态赤
字在 1—2 公顷之间,生态赤字的排名依次为:邢台市、衡水市和保定市。综
上所述,在河北省这九个地级市中,生态赤字最高的为唐山市,这主要是因
为唐山为重工业城市,钢铁的产量较大;生态赤字最小的城市为承德市,这
主要是因为,承德市经济发展较差,重工业较少,环境质量较好,且拥有广阔
的林地面积。整体上看,河北省各市生态承载力较差,在今后的土地利用中
应注重可持续发展。

表 7-9　2015 年河北省九个地级市盈亏情况　　　　单位:公顷

城市	人均生态足迹	人均生态承载力	生态赤字
石家庄市	2.5212	0.2945	−2.2267
唐山市	4.4047	0.3389	−4.0658
秦皇岛市	2.4179	0.3642	−2.0537
邢台市	1.4245	0.4163	−1.0082
保定市	1.7534	0.2818	−1.4716
张家口市	3.7036	1.0642	−2.6394

续表

城市	人均生态足迹	人均生态承载力	生态赤字
承德市	1.4897	0.9849	-0.5048
沧州市	1.2984	0.4329	-0.8655
衡水市	1.8668	0.5273	-1.3395

从表 7-10 中可以看出,在 2016 年总的生态承载力对比中,张家口市的生态承载力最大,达到了人均 1.0661 公顷,其次是承德市的人均承载力为 0.9956 公顷,然后是衡水市的人均生态承载力为 0.528 公顷,其他几个城市的人均生态承载力均小于 0.5 公顷。保定市、沧州市、衡水市、承德市、邢台市五个城市的人均生态足迹位于 1—2 公顷,秦皇岛和石家庄两市人均生态足迹位于 2—3 公顷,张家口市的人均生态足迹较大,达到了 3.8607 公顷,唐山市的人均生态足迹是九个城市中最大,达到了 4.2526 公顷。得到城市的这两个指标后,将各城市的这两个指标进行对比,发现这九个城市均处于赤字状态,并且除了沧州市和承德市的人均生态赤字小于 1 公顷外其他城市的人均生态赤字均大于 1 公顷,石家庄市、张家口市、唐山市的人均生态赤字较严重,都大于 2 公顷。

表 7-10 　2016 年河北省九个地级市盈亏情况　　　　单位:公顷

	人均生态足迹	人均生态承载力	人均生态赤字
石家庄市	2.4308	0.3018	-2.1290
唐山市	4.2526	0.3459	-3.9067
秦皇岛市	2.3056	0.3830	-1.9226
邢台市	1.4369	0.3891	-1.0478
保定市	1.7320	0.2789	-1.4531
张家口市	3.8607	1.0661	-2.7946
承德市	1.5252	0.9956	-0.5296

续表

	人均生态足迹	人均生态承载力	人均生态赤字
沧州市	1.3733	0.4230	−0.9502
衡水市	1.8721	0.5280	−1.3441

如表 7-11 所示,唐山市高人均生态足迹,低人均生态承载力,导致其生态赤字高达 2.97109 公顷,在河北省九个地级市中最高。承德市低人均生态足迹,高人均生态承载力,但其仍为生态赤字,其生态赤字在河北省九个地级市中最低。石家庄市和秦皇岛市的生态赤字为 2 公顷左右,秦皇岛市的生态赤字高于石家庄市。除承德市外,邢台市、沧州市的生态赤字较低,均位于 1 公顷以下。其余城市的生态赤字位于 1—2 公顷,保定市的生态赤字较小,张家口市的生态赤字较大。

表 7-11　2017 年河北省九个地级市盈亏情况　　　单位:公顷

城市	人均生态足迹	人均生态承载力	生态赤字
石家庄市	2.151532	0.3011	−1.85043
唐山市	3.302687	0.3316	−2.97109
秦皇岛市	2.412169	0.3427	−2.06947
邢台市	1.278094	0.3892	−0.88889
保定市	1.417684	0.3040	−1.11368
张家口市	2.875789	1.0641	−1.81169
承德市	1.367420	0.9973	−0.37012
沧州市	1.203438	0.4199	−0.78354
衡水市	1.851943	0.5203	−1.33164

根据上述分析可知,2015—2017 年秦皇岛市人均生态赤字小幅度地上涨,其余各市均呈现下降的趋势,说明河北省生态环境在逐步改善。2015—2017 年唐山市人均生态赤字均为最大,承德市人均生态赤字最小,各市人

均生态赤字排名变化较小,但差距较大。根据近三年的分析结果,各市人均生态赤字的差距主要是由于人均生态承载力差距较大,因此各市应从提高人均生态承载力着手,降低人均生态赤字。

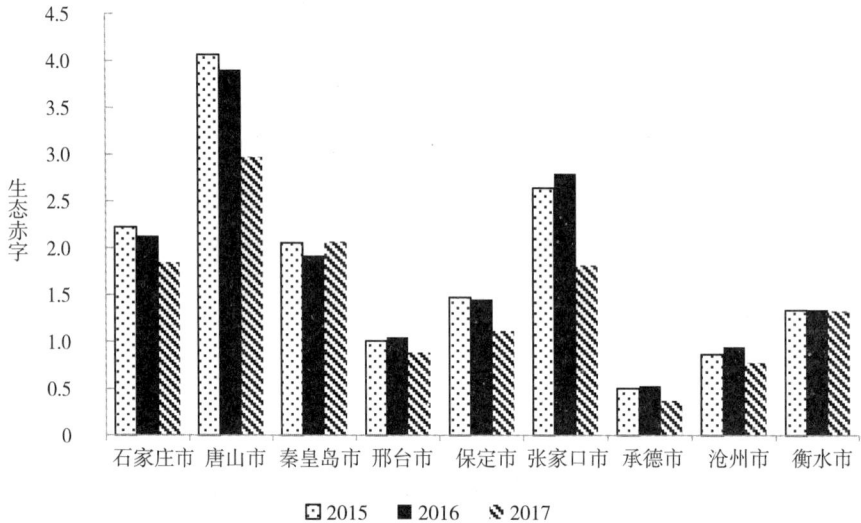

图7-1 河北省九个地级市2015—2017年生态赤字变化趋势

如图7-1所示,河北省九个地级市2015—2017年生态赤字变化情况,其中唐山市和张家口市的变化幅度最大,二者的生态赤字均有大幅度的减少。石家庄市、保定市、衡水市的生态赤字在三年中整体上呈下降的趋势,但变化幅度较小;沧州市、邢台市、承德市的生态赤字呈先上升、后下降的变化趋势;秦皇岛市的生态赤字呈先下降、后上升的"U"形变化趋势。整体看来,河北省九个地级市的生态赤字变化趋势较好,但是生态赤字仍处于较高水平。因此,河北省应合理利用土地,着重提高土地综合承载力,进一步推进可持续发展。

四、2015—2017年各市生态效率计算与对比分析

农业生产不仅仅与经济有直接的关系,与生态系统也息息相关,因此不

能单方面考虑生态环境,为此引入了生态效率的概念。生态效率是连接经济和生态环境的桥梁,是一个地区经济发展和生态保护水平的重要体现,也是反映经济与生态协同发展的重要指标。根据第二章生态效率的计算公式可知,生态效率为区域 GDP 和区域生态足迹之比,其与区域 GDP 呈正比,与区域生态足迹呈反比。由此可知,要提高区域生态效率,在实现土地经济价值的同时,也要注重环境保护,合理开发利用土地,增强土地的生态承载力,推进经济与环境的协同发展。

运用区域生态效率公式计算河北省这九个地级市的生态效率,比较九个地级市在现有的资源环境的利用情况,为规范有序推进土地流转提供研究参考,首先计算各地区的人均 GDP,如表 7-12 所示:

表 7-12　2015—2017 年河北省九个地级市人均 GDP　　单位:万元

	2015	2016	2017
石家庄市	5.1248	5.4526	6.9926
唐山市	7.8398	8.1239	8.9233
秦皇岛市	5.3060	5.6805	6.1170
邢台市	2.4256	2.6444	3.8163
保定市	3.5841	4.0087	4.4917
张家口市	3.0840	3.3142	4.1038
承德市	3.8505	4.0741	6.0575
沧州市	9.5188	10.0717	12.0805
衡水市	4.8341	4.2115	5.7615

数据来源:2015—2017 年《中国城市统计年鉴》。

如表 7-13 所示,衡水市生态效率 2016 年出现小幅度的下降,其余八个地级市的生态效率在 2015—2017 年都呈上升的趋势,其中上升幅度最大的城市为沧州市,2015—2017 年生态效率上升了 2.7069 万元/公顷;上升幅度最小的城市为秦皇岛,2015—2016 年生态效率上升了 0.3414 万元/公顷。整体看来,河北省九个地级市的生态效率差距较大,其中张家口市的生态效率最小,2015—2017 年的生态效率分别为:0.8327 万元/公顷、0.8584 万元/公顷、1.427 万元/公顷。2015—2017 年生态效率最大的城市为沧州市,生态效率分别为 7.3314 万元/公顷、7.334 万元/公顷和 10.0383 万元/公顷。

表 7-13　2015—2017 年河北省九个地级市生态效率 单位:万元/公顷

生态效率	2015	2016	2017
石家庄市	2.0327	2.2431	3.2501
唐山市	1.7799	1.9103	2.7018
秦皇岛市	2.1945	2.4638	2.5359
邢台市	1.7028	1.8403	2.9859
保定市	2.0441	2.3144	3.1683
张家口市	0.8327	0.8584	1.4270
承德市	2.5848	2.6712	4.4299
沧州市	7.3314	7.3340	10.0383
衡水市	2.5895	2.2497	3.1111

数据来源:2015—2017《中国城市统计年鉴》。

第三节　土地流转意愿、行为与生态
足迹之间的相关分析

一、土地流转意愿、行为与生态足迹之间相关关系测度

调研发现,河北省各地区的土地流转意愿和土地流转行为比例并不相

同,为了探析区域生态系统利用情况和土地流转意愿、土地流转行为的关系,本节将用"贫困山区县农村土地流转与土地承包权益调查""白洋淀流域资源环境与生态保护调研"和"河北省资源环境现状调研"三次调研数据,计算出各市具有土地流转意愿、土地流转行为的农户占比,并分别与各地区的生态赤字、生态效率做相关性分析,生态赤字和生态效率均用2015—2017 年平均数。分析的结果见表 7-14。

表 7-14　土地流转意愿、行为与生态足迹法各指标的相关关系

		流转行为	流转意愿	生态赤字	生态效率
流转行为	Pearson 相关性	1.000	0.161	−0.007	−0.485
	显著性(双侧)		0.679	0.987	0.186
流转意愿	Pearson 相关性	0.161	1.000	0.175	−0.129
	显著性(双侧)	0.679		0.652	0.742
生态赤字	Pearson 相关性	−0.007	0.175	1.000	0.454
	显著性(双侧)	0.987	0.652		0.220
生态效率	Pearson 相关性	−0.485	−0.129	0.454	1.000
	显著性(双侧)	0.186	0.742	0.220	

在相关关系分析中,土地流转行为、流转意愿与生态赤字的相关系数分别为−0.007 和 0.175,土地流转意愿与生态效率的相关系数为−0.129,土地流转行为与生态效率的相关系数为−0.485,相关系数表现出负向关系,即土地流转意愿、流转行为和生态效率呈现相反方向的变动,但这些相关系数的显著性水平显示接受原假设,说明相关关系均不显著。

综上所述,农户的土地流转行为和流转意愿受生态赤字、生态效率的影响很微弱,并不显著。尽管流转行为、流转意愿受到生态资源利用程度和经济发展水平的共同影响,理论上当人均地区生产总值比较小,生态足迹比较

大的时候,农户更加愿意将土地流转出去。但实证显示生态足迹、生态效率的影响力还很微弱,在土地流转意愿与行为中的作用并未充分体现,应进一步加强其在土地流转中的作用。

二、生态足迹、生态效率分析在提升土地流转意愿中的应用分析

本部分在上述分析的基础上,对不同地区土地流转所存在的个性问题进行分析,从而找到各市的优势和短板所在,发挥其优势,补齐短板,从而达到最优的状态。

依据生态足迹模型计算出的各指标与土地流转意愿和流转行为的关系来看,尽管样本实证结果显示农户的流转意愿与生态效率存在负向相关关系,但并不显著。说明土地流转时生态效益并没有发挥应有的重要作用。生态效率由区域 GDP 以及生态足迹共同决定,且区域 GDP 与生态效率呈正相关,生态足迹与生态效率呈负相关,在九个城市中,沧州市人均 GDP 最高,计算的生态效率最大,为 8.2346,沧州市的农户土地流转意愿为44.44%,在这九个城市中属于中等水平,在传统的农业生产中,人们的灌溉依赖于井水、湖水、雨水,很大程度上农户的收入受当年天气的影响比较大,当单一农户扣除灌溉、施肥、种子等成本后所得到的纯收益较低,且经济发展水平较高时,理论上农户应更倾向于将土地流转出去,以获得更高的收益。

承德市的生态效率低于沧州市,位居第二名,人均 GDP、生态足迹较低,流转意愿和流转行为都高于沧州市。张家口市的人均生态足迹较高,人均 GDP 较低,导致其生态效率较低,其流转意愿和流转行为较高。其余城市的生态效率在 2 万—3 万元/公顷,但是各个城市的流转意愿和流转行为存在一定的差异,其中唐山市的流转意愿最高,石家庄市的流转意愿最低,二者相差 19.17%;邢台市的流转行为最高,衡水市的流转意愿最低,二者

相差 14.66%。

　　生态环境保护以及农村土地流转应协同发展,应进一步重点关注如何共同推动生态环境保护和土地流转。一方面可以实施分区管理,将生态环境要素考虑到农村土地流转的租金当中,提升生态环境保护较好地区的土地流转资金和生态补偿,有助于在提升农户生态保护意愿的同时规范有序推进土地流转。另一方面,在农村土地流转的基础上进一步推进生态环境保护,推进土地流转和生态环境保护的协同发展。

第八章 规范有序推进土地
流转的对策建议

通过前述章节对农户土地流转意愿与行为的研究,可以发现影响土地流转意愿的因素较多,主要有农户的文化程度、种田收入占比、土地归属认知、对土地政策的认识、土地流转时间、租金和村庄地形等,土地承载力、生态效率、生态补偿等因素也是规范有序推进土地流转中需要考虑的因素。因此促进农户的土地流转意愿实际转化为流转行为,可以从土地流转的相关博弈主体出发探索相关对策,如提高农户文化素质、增加收入来源、清晰正确地理解相关土地政策等。此外完善市场机制和生态补偿机制,为土地流转双方制定合理的土地流转时间和租金,提升承载力、生态效率,促进生态赤字向盈余的转化。

经过前面章节的研究和分析,可以发现土地流转意愿与行为存在空间差异,影响土地流转意愿和行为的原因,既包含共性问题,也包含个性问题,规范有序推进土地流转、发展适度规模经营既要考虑经济效益也要考虑生态效益和土地承载力。农村的土地流转涉及农户、规模经营主体等多方主体,因此要协调好不同主体之间的关系,从土地流转博弈主体的博弈策略出发寻找多方博弈的最优点。

本章依托三次实地调研深入了解农村土地流转意愿与行为的现实状

况,结合前述各章分析总结土地流转中的亟须解决的问题,探索进一步规范有序推进土地流转的对策建议。

第一节　进一步加强对土地流转的监督与引导

一、进一步完善土地流转相关法规,加强政策宣传

首先进一步完善相关法律法规,这关乎着土地流转市场规范、土地流转各方权益保障等许多方面,不断完善农村土地流转相关法律法规,更好地保障各方权益,在各方的博弈过程中调节利益关系。其次,进一步加大对土地相关政策的宣传,使农户能够熟知土地流转的相关政策,正确认识土地流转过程中和土地流转后的权益,能够提高农户土地流转的意愿,从而促进土地流转意愿与流转行为的匹配。

二、加强对土地流转合法权益的保护,进一步完善土地流转纠纷解决机制

通过三次的实地调研可以发现,受访者选择农户间自由转让土地的很多,这就为土地权益的纠纷埋下了隐患。一旦土地能够带来大额收益,容易引发土地自由流转农户间的矛盾,严重的甚至会引起打架斗殴等恶劣行为。我国于 2018 年最新修订的《农村土地承包法》中明确表示,"国家保护承包方依法、自愿、有偿流转土地经营权,保护土地经营权人的合法权益,任何组织和个人不得侵犯"。政府应加大对土地流转合法权益的维护,进一步完善土地流转流程规范和土地经营的进入、退出机制。

土地流转工作的顺利开展已经成为我国发展现代化农业、促进新型农

村建设的重要内容之一,需要进一步健全专门的仲裁调解机构,解决现实中的土地流转纠纷。在实地调研过程中可以发现,近年来土地流转中还存在不少矛盾和纠纷等问题,要想使得类似问题有效解决,一方面需要进一步完善土地流转平台,规范农户间的自由转让,减少农户在土地流转中的矛盾。另一方面,需进一步加强对土地流转纠纷解决机制的完善,进一步加强培养一支深入了解土地流转双方的专业调解队伍,提高解决土地流转中各种问题的效率,规范有序推进土地流转。

三、进一步加强土地流转秩序的监管

进一步加强农村土地流转过程中的监管机制,包括对流转程序的监管、对土地价值评估的监管等。土地流转过程中遵循合法程序、规范合同等原则,完善土地流转管理机构。一是进一步加强对流转程序的监管。农村土地流转有其必须遵循的必要程序,简单来说分为四步:提申请——审核——双方会面洽谈——签订合同并备案。任何环节都缺一不可,按照程序依次完成相关手续,严格监督程序中的各个细节。二是进一步加强土地价值评估过程的监管,防止出现过度抬价或压价的情况,完善农村基层管理。三是保护耕地,进一步加强土地流转后的监管,监督流转后的土地用途,不可私自更改用途,避免农户因流转后担心流入方过分开发土地的情况发生。进一步合理规划土地,进一步健全服务、监管、协调制度,为土地流转提供更好的保障。四是进一步规范土地流转的流程,制定合理、严谨的流转合同,坚持流转过程公正透明,完善第三方监督、评标等事务,进行实名登记,并做好村委会、乡镇部门留底工作,防止日后各种纠纷的发生。落实好管理服务工作,进一步加强向农户传达国家的最新土地政策,提供并解释土地流转合同,进一步完善土地流转档案管理。

四、提高土地流转政策宣传力度

通过前述章节的研究发现,贫困地区的农户对土地流转政策认识与土地流转意愿呈正相关关系,对政策认知得越清晰、越深入,土地流转意愿越强。然而实地调研发现,许多农户对基本的土地政策了解不清,还有部分受访者对土地流转认知程度不高,这些很大程度上将影响到土地流转意愿。在调查问卷"在您看来,在推动农村流转引导适度规模经营中,当地政府最应该做的是"一栏中,有许多村民选择"把政策讲明白"与"有组织,有人管"。因此,需进一步完善土地流转政策宣传,广泛宣传土地流转相关政策、法律法规、具体措施及土地流转的意义,提高农户土地流转认知程度。进一步加强宣传和解释土地流转相关政策,做好土地政策的咨询和解答工作。可以采取电视、村大队广播、宣传单、农村宣传栏宣传墙、流动宣传车、网络、新媒体平台、手机终端等渠道扩大土地政策的宣传,尤其是山区、贫困地区农户文化程度较低的地区,更要加大对这部分群体的宣传。

应进一步加强典型宣传,大力宣传已流转出土地的农户流转后的实际效果,将成绩突出的区域作为土地流转的典型,现身说法,总结经验,营造良好的宣传氛围,提高农户对土地流转政策的认识,打消愿意流转土地的农户的顾虑。

第二节　提升农户土地流转意愿向
土地流转行为的转化

通过前述章节对河北省农户土地流转意愿与行为的实证研究,可以发现,农户土地流转行为和流转意愿存在不匹配的现象,已成为推进农村土地流转急需解决的一个重要问题。调研样本显示,有流转意愿的农户比例相对较高,但实际有土地流转行为的农户比例相对较低,流转意愿和流转行为没有完全对应与转化,即还有一定比例土地流转意愿并未及时转化为行为。亟须进一步加大土地流转政策宣传和健全市场机制,进一步优化农业经营方式和完善农村社保机制水平,提升农户土地流转意愿,促进土地流转行为的转化。

一、进一步优化农业经营方式

对土地流转影响因素的分析中得知,农民的收入来源与土地流转具有相关关系,农户主要收入来源为种植业的土地流转行为的产生比例相对较低。因此,农业经营应当从传统经营方式向新型现代经营方式转变。应完善新型农业经营体系,整合农业的产业链,紧跟信息时代的潮流,融入"互联网+"的行列中,利用互联网技术发展农业,提高农产品的附加值,促进农村产业融合发展。

近年来网络技术飞速提升,电商农业成为了农业现代化的推动力之一。网络交易平台可以减少批发商、零售商等中间环节的差价,使得农民与消费者直接对接,这种方式有助于增加农民收入。区块链、"云支付"等网络技术的兴起给人们的生活带来了翻天覆地的变化。可以借助网络技术,如在农产品商品包装上增加商品追溯的二维码,消费者可以通过扫二维码来了解农产品的生长环境、生长过程等环节,真正做到让消费者买得放心,吃得放心。逐步发展农村具有本地特色的小农场,以特色农场带动村庄旅游业发展。拓展农户主要收入来源渠道,给农户提供更多的就业机会,使得收入结构多元化,可以有效提高农户的收入水平,进而提升土地流转意愿。

二、提升农户土地流转意愿

根据本书第五章土地流转意愿与行为的影响因素分析可知,农户的年龄越大,由于自身的劳动能力下降,其进行土地流转的概率越高。农户文化程度对土地流转行为产生正向影响,农户的受教育水平越高,其进行土地流转的概率相对越大。土地归属认知与土地政策认知也是影响土地流转意愿的重要因素,听说过土地流转政策的农户愿意流转土地的概率高于没听说过土地流转政策的农户,对土地归属认识不清晰,会降低农户的土地流转意愿。

促进土地流转意愿与行为的匹配,首先要从土地流转意愿方面入手,从农户自身对土地流转认知的角度出发,农户的知识文化水平越高,受教育水平越高,对于整个土地流转政策、意义、土地规模经营优势的了解越多,对土地流转的接受度越高,就越容易产生土地流转的意愿。应加强土地流转相关政策的宣传与指导,提高农户对土地归属与土地政策的认知水平,让农户正确了解政策,完善健全市场机制,进而促进土地流转行为。

三、科学确定土地流转租金和年限

研究发现,在土地流转过程中,土地的租金也对农户的土地流转意愿有一定的影响,过高的租金会降低农户进行土地流转的积极性。调研样本显示,租金为500—1000元时,农户愿意进行土地流转的概率最高。另外,土地流转时间也是影响土地流转行为的重要因素。过短的流转时间会增加流转双方的时间成本,过长的时间会使农户存在难以及时收回的顾虑,调研样本显示,当约定流转时间为5—10年时,农户进行土地流转的概率最大。

因此,应进一步完善土地流转交易平台建设,推进流转双方确定合理的流转时间和相应的租金,将土地综合承载力、生态效率的评估价值、土地贫瘠程度、所处位置等因素融入土地流转租金确定过程中。应积极引导科研机构与农业企业合作,为土地流转注入技术活力。

第三节 培育适度规模经营主体，
推动适度规模经营

一、丰富规模经营的方式

在实地调研中可以发现,很多地区农户拥有的土地相对不多,且很多是分割开的小片土地,以单个家庭为单位的经营方式难以实现大规模种植。应丰富规模经营的方式,鼓励农村发展适度规模经营主体,如家庭农场、专业大户、农业合作社和农业生产企业等,积极引导培育专业大户、农民专业合作社、农业龙头企业等规模经营主体,加快转变农业生产经营方式,①建立良好的人才管理机制,结合本地区发展情况,科学建立人才培育体系,鼓励当地农户学习交流经验,发挥创新精神,定期开展专业性讲座,总结经验,探讨对策,充实自身农业技能,更好地进行土地适度规模经营。

二、培育规模经营实体

在调查问卷"在您看来,在推动农村流转引导适度规模经营中,当地政府最应该做的是:"一栏中,许多受访者选择了"加大对农村土地经营大户的政策和资金支持"选项。培育规模经营实体,加大资金的扶持力度,设立土地流转专项资金,对农业合作社等规模经营主体适度进行补贴扶持,完善农村金融体系,扩大对涉农资金的放贷力度,完善保险服务体系,鼓励开展

---

① 马宏山:《吉林省土地流转与规模化经营研究》,吉林大学 2018 年硕士学位论文。

涉农保险业务,降低规模经营主体的经营风险,建立诚信经营长效机制,促进诚信建设规范化、制度化、常态化①。通过增多农村土地规模经营主体,使土地流转的需求方对土地的需求增多,让更多有土地流转意愿但没有土地流转行为的农户实现土地流转。

第四节　进一步提升农村社会保障水平

很多农户将土地视为生活的保障,规范有序推进土地流转,需要扭转村民这种固有思想,消除农民顾虑,完善提升农村社会保障水平,推动城乡融合发展带动农村土地流转。

一、进一步完善户籍制度,提高保障水平

农村人口真正实现在城市扎根,必须要给他们身份的"证明",应继续完善户籍制度。通过保障农户的医疗卫生、住房、子女教育等基本问题,逐渐消除城乡居民之间的差距,保障进城工作的村民与当地市民享受同等权利。加大对农村社会保障的财政投入,提高新型医疗制度的保障水平,加大对丧失劳动能力村民的保障。构建新型农业保险体系,利用电视、网络等途径大力宣传农业保险,增强农民对农业保险的正确认识,设计开发出满足不同农户需求的保险产品。通过进一步完善户籍制度、提高社会保障水平,能够减轻农户对土地的依赖,减少农户流转土地后的顾虑,进而促进农户土地流转意愿的提高。

---

① 文珍昕:《山区农村土地流转面临的问题及对策研究——以山西省垣曲县为例》,山西大学 2018 年硕士学位论文。

二、促进产业发展,增加就业岗位

实地调研中发现,除耕田外农民没有其他就业渠道是影响土地流转的重要原因,在调研问卷"在土地流转和精准扶贫工作中,您希望有:"这一问题中,许多农民提道:"保障农民生活,增多就业岗位""土地流转之后,希望政府能够提供更多的就业岗位,让民众的生活更有保障"等;在"在您看来,在推动农村流转引导适度规模经营中,当地政府最应该做的是"这一问题中,许多村民选择"提供就业等保障"。可见,没有就业岗位是很多农户十分担忧的问题。还有一部分农户表示除了务农外没有其他可从事的工作。因此提高土地流转率,必须加强地区产业发展,第二、三产业得到较好发展,提供的非农就业岗位就会增加,提供更多的就业机会,从而提高农户土地转出的意愿。

随着科技水平的提高,农田的播种、收割等的机械化水平越来越高,解放了大量的农村劳动力,这部分劳动力可以投入到非农产业中。通过进一步完善户籍制度,促进务工的农户安稳落户。进一步完善招聘信息公布平台,开办对口岗位的专项技能培训,提高流转土地农户的工作技能,使其更快适应工作岗位,通过签订劳动合同,保障合法权益,增加农户的非农就业,提高农户非农收入水平,从而减轻农民对土地流转后的就业问题顾虑,提高就业保障。

三、推动农村服务业发展

进一步挖掘和提升农村服务业发展潜力。以第一产业为主的生产性服务业为重点,丰富农村服务业发展,扩大农村产业领域,增加农村新业态,延长产业链,可通过合作、引导、服务、培训等多种形式发展农村服务业。创建各村庄独有的特色产业,打造当地的文化品牌,形成地区标志性产业,不仅能够促进农村服务业发展,提高农民收入,提升农村整体生活水平,而且会增加农村的就业岗位,使农业剩余劳动力从农业生产中解放出来,从而促进土地适度流转。

第五节　完善土地流转交易市场和风险调控机制

一、完善土地流转相关平台建设,促进土地市场信息化

实证发现,除了农户担心自己的土地流转后权益问题,或者担心流转年限过长影响对土地的掌控等原因外,土地流转信息畅通与否、市场建设是否完善等与土地流转也息息相关。

贫困地区经济发展水平相对落后,相关的互联网、流转平台等配套设施也相对缺乏,土地的供求双方各自掌握的信息不同步、不匹配是村民土地流转意愿转化为行为的主要障碍之一。要逐步培育和健全土地流转信息服务平台,完善土地流转中介机构。遵循客观性、公平性原则对农户土地进行准确评估,及时通过土地流转的相关平台发布,为土地流转供求双方快速便捷地提供有关信息,做到信息对称,促进土地流转的年限、价格等方面更加符合流转农户的诉求。

二、科学防范农户土地流转中的风险

建立健全土地风险调控机制,可以保障农民的基本权益,提高农户的土地流转意愿。确定参与流转土地的农户,建立土地流转专户,由土地流入方预存一定比例风险基金在该专户中,再由相关部门监督其使用情况。如果土地流入方由于各种原因未及时支付租金或者经营有亏,可用专户中的预存风险金对农户进行一定程度上的补偿,降低农户参与土地流转中所承担

的风险。除了风险基金之外,还需要对土地流转流入方做完善的信用调查,如经营能力、项目情况等方面,其必须承诺不做损害农户利益的事情,不能改变土地的使用用途,不可破坏土地的生产能力等,不能做出保证的人或经营实体不可参与土地流转。

三、协调好土地流转相关主体之间的关系

农村的土地流转涉及土地流转,涉及监管方、流出方(一般为农户)、流入方(规模经营实体)、中介机构等多方主体,必须协调好不同主体之间的关系。对土地流出方而言,要保证土地流转租金、流转时间的合理化,这两点都需要在土地流转合同的签订中做出清晰、明确的说明。由于很多农户将土地作为安身立命的最后保障,因此,必须保障农户对土地的权益不受损害。对中介机构而言,在做好自己本职工作的同时,尽可能多地帮助农户解决在土地流转过程中所面临的问题,解惑答疑,将土地流转所要签订的合同中的各项条款加以解释和说明,协助解决纠纷。对土地流入方而言,必须保证不伤害农户的合法权益,合理经营并保护土地生态安全,适度合理扩大生产规模,鼓励为农户提供更多的就业岗位。

四、探索和完善土地流转形式

土地流转形式单一、农户进行土地流转不便捷是制约土地流转的因素之一,应积极探索土地流转形式,鼓励农民采用多元化的方式参与土地流转,如转包、互换、出租等。各地因地制宜探索和完善土地流转形式,通过不断丰富土地流转形式促进农户的土地流转意愿。

第六节　提升土地承载力和生态效率，
完善生态补偿机制

土地的经济效益以及生态效益对土地流转意愿和流转行为具有重要影响。通过第六、七章对土地流转中的土地承载力评价和生态足迹模型分析可知，农业发展的机械化水平、农业生产效率以及农业从业人口的教育水平是影响土地承载力的重要因素，因此，推进土地流转，发展适度规模经营，需要进一步提升农村土地资源承载能力，提升土地生态效率，完善生态补偿机制。

一、提升土地资源承载力

土地资源承载力的提升将会提高土地生产效率，进一步会提升土地流转双方的流转意愿。在第六章对调研涉及的河北省九个地级市人均生态承载力的分析中可以看到，2017 年张家口的人均生态承载力较高，石家庄、唐山、秦皇岛等地的人均生态承载力较低。提升土地资源承载力，各个地区应该根据自身的实际情况来确定发展的优势和短板，通过扩大优势，补足短板来提升土地资源承载力。例如唐山市的土地生活承载力较大，在河北省九市中处于优先地位，但是其土地生态承载力水平较低，2017 年唐山市的人均生态承载力仅为 0.3316，因此唐山市应在保证经济稳步发展的同时，改善生态环境，提高自身土地资源承载力。

应进一步提升土地生产承载力，缓解人口增长带来的粮食、人地矛盾等一系列的压力，进一步加大对科教文化事业的财政投入，大力提高人口素质,为提高土地资源承载力提供更好的保障。进一步提高土地生产能力,加大对农业基础设施的投入,改善农业生产条件,提升耕作技术,积极探索绿色农业发展模式。优化土地利用模式,优化产业结构,合理布局,不断提升农用地的经济效益,推进土地生态保护,加强对土地流转后生态保护的监管,提高农户和规模经营主体生态环境保护意识。

二、促进生态赤字向生态盈余转化

通过第七章对 2015—2017 年河北省各地级市生态盈亏情况的分析可知,九个市连续三年处于生态赤字状态,其中 2017 年唐山市、秦皇岛市、石家庄市的生态赤字较大,唐山市的生态赤字高达 −2.97 公顷,接近于 3 公顷,沧州市、承德市等市生态赤字较低,但仍处于生态赤字状态。根据九个地级市的生态承载力情况,可以通过巩固各个地区耕地生态承载力,提升林地、草地、建设用地以及化石燃料用地的生态承载力,来缩小生态承载力与生态足迹之间的差距,同时也应改变消费观念,提倡科学的消费习惯,减少对各类资源、能源的浪费,降低生态压力,以消除生态赤字,提升生态盈余。加强对土地的管理,提升大数据技术、智慧农业技术、节水灌溉技术等在农业生产中的应用,吸引农产品加工和销售企业向特色农业区域集聚,同时根据地方土地资源、土地流转的具体情况促进协同发展。树立新的资源利用观念,加强对现有资源的保护,高效率利用现有资源,防范耕地、水域和林地的损失,发展循环经济,挖掘资源和能源的潜力,调整能源结构,提高利用效率,促进生态赤字向生态盈余转化。

三、提升土地生态效率

农业生产不仅仅与经济有直接的关系,也与生态系统息息相关。生态效率不仅体现了一个地区的经济和生态保护发展水平,也反映了一个地区经济与生态协同发展的程度。在第七章中对 2015—2017 年各市生态效率计算与对比分析得出,张家口等地的生态效率较低。一方面,要在保护生态环境的基础上,促进经济的发展,例如:张家口、承德等地区,通过推进绿色发展,大力提升经济发展水平。另一方面,针对由于区域内生态足迹较高所导致生态效率较低的地区,要在保证经济发展的同时,加大生态环境保护力度。

提升土地生态效率要着重强化土地资源保护,科学制定土地利用规划,建立高效的土地集约利用机制。通过技术应用和制度规范等综合性手段,提高土地的利用水平。提高保护生态环境力度,合理利用土地资源,促进土地生态承载力的提高。引进先进的高新技术,提倡科技创新,使土地资源发挥最大效能。调整能源结构,使用清洁能源,严格控制因能源使用污染环境的情况,降低能耗,调整发展模式,提升土地生态效率,改善土地生态环境。

四、完善土地生态补偿机制

根据对调研数据的整理可知,调研样本中知道生态补偿政策的农户相对较少,应加大生态补偿政策的宣传,加强生态补偿政策的实施。

(一)多渠道筹资,完善投入机制。调研发现,农户最愿意接受的生态补偿方式为现金,其他补偿方式的占比较低,所以,应逐步提高转移支付补助金额,结合采用财政补贴、资金奖励等方式,大力支持生态补偿领域中的各种项目实施,建立起由政府引导、公众广泛参与的生态环境保护投入机制。健全生态保护成效与资金分配挂钩的激励机制。对各地区土地资源承载力进行综合评价,尤其是测度生态承载力的年度变化情况,完善资金支持管理办法,对生态承载力提升明显的地区,给予资金奖励。

(二)完善土地生态补偿政策,建设生态保护补偿示范区。完善土地生态补偿政策,加快构建京津冀生态保护补偿协同制度,进一步完善生态保护补偿办法。充分调动民众、企业等力量积极参与到生态保护补偿中,除了资金补助以外,还需重视对受偿者的后续引导,进一步多渠道提升流转土地的生态效益。建设土地生态保护补偿示范区,对各类补偿资金加大整合力度,鼓励探索资金补偿、实物补偿和人才补偿相结合等综合性补偿方式,拓宽补偿资金的渠道。

（三）建立并完善配套管理体系。一是,根据不同区域、不同自然条件,完善以土地生态产出能力为基础的土地生态承载力、生态效率测算方法,再依据环境保护和生态建设项目投入,建立科学的生态补偿标准核算体系,逐步提高土地生态补偿标准。二是,加强对重点生态保护区的监测,完善对土地环境污染监测,包括草原生态、耕地环境等,进一步完善水土保持监测网络布局。三是,加强流转土地生态功能价值评价。进一步完善土地生态价值评价量化指标,在此基础上对流转土地进行生态价值效益评价,分析价值变化情况,对价值增长的地区给予奖励激励。

第七节　推动区域协作,加强科技资金支持

通过第四章至第七章的实证分析发现,不同地形区域土地流转意愿和土地流转行为呈现出不同的特点,如平原调研地区的农户相对流转意愿偏低,山区地形调研区域的农户很多有流转意愿并已进行土地流转,丘陵调研地区愿意并进行土地流转的农户占比也较少。土地流转意愿与行为存在区域差异,土地承载力和生态足迹的分析研究结果也显示出空间之间的差异,因此推进土地流转应加强区域间协作,推进区域间的优势互补和协同发展。

一、加强市场协作

河北省农村产业经营总量与产业化率较低，大部分地区机械化生产程度相对不高，农户的种植成本较高，因此可以通过与机械化程度较高的地区合作，提升省内种植业机械化水平。因地制宜是农业生产所遵循的主要原则，不同地区均有其最具代表的农产品，如张家口的土豆、沧州的金丝小枣等。而有一些农村虽然农产品的品质很好，但由于位置偏僻、交通不便利且消息相对闭塞，一定程度上阻碍了这些农产品的对外销售，只能主要在当地自产自销，又因当地供应量较大而导致价格较低，严重影响了农户收入，进而影响规模经营主体的收入水平，流入方的流转意愿较低。需要将各区域的市场信息整合起来，建立专业化的土地流转适度规模经营农产品市场网站，及时将各地区农产品的信息进行公布，拓展农产品销售市场，加强不同地区间的市场协作，达到互惠互利。加强区域间的土地流转交易市场协作可以推进适度规模经营情况的了解，促进农产品的流通，在一定程度上解决规模生产的农产品的销售问题，从而进一步增加农户收入，提高农户土地流转意愿，促进与土地流转行为的匹配。

二、完善土地流转资金支持体系

在实地调研中发现愿意进行土地流转的农户，很多表示外出打工没空打理土地，这部分农户有多样的收入来源，是促进当地农户进行土地流转的重要原因。在调查问卷"如果您愿意流转，出于何种原因"问题中，许多村民选择了"自己耕种成本高、辛苦、收入低"。可以看出，经营土地的收益高低在很大程度上决定了农户是否有土地流转意愿。规模经营主体的经营要提升自身收益，需要引进先进的生产技术，提高机械化的生产水平，因此往往需要大量启动资金支持，为解决资金困难，通过合法的土地承包经营权作抵押，设计丰富的农村信贷产品，适当简化贷款手续，贷款利息给予特定优惠,贷款期限酌情放宽等措施进一步完善农村金融体系。在问卷"在您看来,在推动农村流转,引导适度规模经营中,当地政府最应该做的是:"问题中,许多村民选择"加大对农村土地经营大户的政策和资金支持",可见,通过对土地规模经营主体的资金支持,有助于实现其预期利益,同时也能确保按时支付土地流出方流转资金,确保土地流入方和流出方在博弈中取得均衡,从而促进土地流转的顺利进行。

三、加强科技和经验引导

在问卷"在您看来,在推动农村流转,引导适度规模经营中,当地政府最应该做的是:"问题中,"加强技术服务和培训"和"推广好的经验和做法"两个选项也被许多村民所选择,这表明,加强科技和经验引导也是至关重要的。农村土地进行流转后,将会打破原先农户碎片化种植方式,转变农业经营方式,发展适度规模经营中加强科技和经验的引导,加强区域间协作,将科技引入农业中。第一,要吸引资金投入农业生产,并构建全方面区域农业科技合作体系,主动吸收先进农业生产技术;第二,打造出国内外知名农业品牌,建设符合国际生产标准的农业生产基地,加大对农业科技创新的研发力度,加强农产品的对外合作,如生产、贸易等环节,推动科技创新、开放的新型农业格局,促使区域传统农业向规模化、产业化趋势发展;第三,可以共同建立农业专项合作资金,共同建立研发基地等,培养农业科技型人才,将大数据、物联网等技术运用其中,有效促进农业的发展。对适度规模经营不断地注入先进的科技和经验,农村土地生产效率将会大大提高,从而吸引农户和规模经营主体参与土地流转。

参考文献

鲍盛祥、张情、魏浩等:《基于回归分析法的贫困连片山区农民土地流转意愿实证研究》,《中南民族大学学报(自然科学版)》,2014 年第 3 期。

曹灿铭、黄明慧、石滢等:《粤东地区土地流转意愿与制约因素研究》,《中国集体经济》2019 年第 3 期。

曹阳、王春超、李鲲鹏:《农户、地方政府和中央政府决策中的三重博弈——以农村土地流转为例》,《产经评论》2011 年第 1 期。

陈计兵、李玉平:《2003—2009 年邢台市生态足迹动态变化研究》,《安徽农业科学》2011 年第 10 期。

陈珏、雷国平、王元辉:《黑龙江省土地综合承载力空间差异研究》,《中国人口·资源与环境》2011 年第 S1 期。

陈美球、肖鹤亮、龙颖等:《农户耕地流转意愿及驱动力研究进展及展望》,《中国农业资源与区划》2008 年第 2 期。

陈念平:《土地资源承载力若干问题浅析》,《自然资源学报》1989 年第 4 期。

杜朝晖:《我国农村土地流转制度改革——模式、问题与对策》,《当代经济研究》2010 年第 2 期。

范媛媛、林苗、王高强等:《湖北省土地资源生态承载力评价》,《安徽农业科学》2018 年第 4 期。

方创琳、贾克敬、李广东等:《市县土地生态—生产—生活承载力测度指标体系及核算模型解析》,《生态学报》2017 年第 15 期。

方宜霞:《农村土地流转中的金融支持问题与对策研究》,《中国市场》2019 年第

16 期。

封志明:《土地承载力研究的源起与发展》,《资源科学》1993 年第 6 期。

封志明:《土地承载力研究的过去、现在与未来》,《中国土地科学》1994 年第 3 期。

高建设:《农民自发土地流转对增收的不利影响及对策》,《新西部》2019 年第 36 期。

高康楠、王志成、王玉坤等:《河北省农村土地流转现实困境及解决措施》,《农家参谋》2018 年第 4 期。

管洪彦、孔祥智:《农地"三权分置"典型模式的改革启示与未来展望》,《经济体制改革》2018 年第 6 期。

郭艳红:《北京市土地资源承载力与可持续利用研究》,中国地质大学(北京)2010 年博士学位论文。

郭菅:《武汉城市圈生态足迹动态分析和可持续发展状态研究》,华中农业大学 2009 年硕士学位论文。

郭显光:《熵值法及其在综合评价中的应用》,《财贸研究》1994 年第 6 期。

郭显光:《改进的熵值法及其在经济效益评价中的应用》,《系统工程理论与实践》1998 年第 12 期。

韩光伟:《四川二郎山国家森林公园旅游生态足迹实证研究》,四川农业大学 2008 年硕士学位论文。

何晓群:《多元统计分析》,中国人民大学出版社 2019 年版。

韩松:《新农村建设中土地流转的现实问题及其对策》,《中国法学》2012 年第 1 期。

何尹杰、吴大放、刘艳艳等:《珠海市土地资源承载力评价分析》,《国土与自然资源研究》2018 年第 2 期。

户艳领、李丽红、任宁等:《基于二元 Logistic 模型的贫困山区农村土地流转意愿影响因素研究——源于河北省贫困山区县的调研样本》,《中国农业资源与区划》2018 年第 7 期。

户艳领:《土地综合承载力评价在土地利用规划中的应用研究》,人民出版社 2017 年版。

黄宝荣、崔书红、李颖明:《中国 2000—2010 年生态足迹变化特征及影响因素》,

《环境科学》2016年第2期。

黄崇淄、闫述乾：《农村土地确权对农户土地流转意愿的影响研究》，《经济研究导刊》2018年第32期。

黄海棠、滕剑仑、蔡创能：《基于生态补偿的农村土地流转价值评估体系研究》，《新余学院学报》2018年第2期。

黄和平、王智鹏、宋伊瑶：《乡村振兴背景下乡村旅游目的地碳足迹与生态效率研究——以江西婺源篁岭景区为例》，《农业现代化研究》2019年第4期。

黄丽华、王亚男、韩笑：《黄河中上游能源化工区重点产业发展战略土地资源承载力评价》，《环境科学研究》2011年第2期。

黄祖辉、王朋：《农村土地流转：现状、问题及对策——兼论土地流转对现代农业发展的影响》，《浙江大学学报（人文社会科学版）》2008年第2期。

季丹：《中国区域生态效率评价——基于生态足迹方法》，《当代经济管理》2013年第2期。

冀农宣：《我省土地流转面积达2983万亩》，《河北农业》2019年第1期。

贾国磊：《中国农村土地制度改革的历程和经验——兼议承包地"三权分置"改革的关键环节》，《农村经济》2018年第3期。

贾俊平、何晓群、金勇进：《统计学》，中国人民大学出版社2015年版。

贾俊平、何晓群、金勇进：《统计学》，中国人民大学出版社2018年版。

焦红、汪洋：《基于PSR模型的佳木斯市土地生态安全综合评价》，《中国农业资源与区划》2016年第11期。

靳相木、柳乾坤：《基于三维生态足迹模型扩展的土地承载力指数研究——以温州市为例》，《生态学报》2017年第9期。

李兵、张建强、权进民：《企业生态足迹和生态效率研究》，《环境工程》2007年第6期。

李刚、卢晓宁、边金虎等：《岷江上游土地资源承载力评价》，《水土保持研究》2015年第1期。

李海霞、马世猛：《"互联网+"背景下河北省土地流转创新模式》，《合作经济与科技》2015年第19期。

李海霞、燕建芬、马世猛等：《河北省农村土地流转现状分析》，《产业与科技论坛》2015年第2期。

李辉、刘春艳：《东北地区土地资源承载力与农民市民化问题研究》，《吉林大学社会科学学报》2007 年第 2 期。

李吉平、高国强、习庆凯：《土地流转助推脱贫调研报告——以河北省沽源县小西沟村为例》，《河北金融》2018 年第 1 期。

李雅莉：《河南省农村土地流转的现状及对策研究》，《河南师范大学学报（哲学社会科学版）》2011 年第 6 期。

李艺欣、王金先、许春荣：《关于农民土地流转的约束性因素探析——以河北省沧州、保定部分农村为例》，《农民致富之友》2016 年第 16 期。

李玉平、蔡运龙：《河北省土地生态安全评价》，《北京大学学报（自然科学版）》2007 年第 6 期。

林晨：《面向战略的流程企业绩效指标体系研究》，同济大学 2005 年硕士学位论文。

林恩惠、郑义、陈秋华：《生态效率的研究进展与热点评析：基于中英文文献比较的视角》，《生态与农村环境学报》2019 年第 12 期。

刘戈：《区域土地生态经济系统协调发展理论与实践研究》，天津大学 2009 年博士学位论文。

刘建兴、顾晓薇、李广军等：《中国经济发展与生态足迹的关系研究》，《资源科学》2005 年第 5 期。

刘建兴、王青、顾晓薇等：《投入产出法在我国生态足迹研究中的应用》，《东北大学学报（自然科学版）》2007 年第 4 期。

刘聚梅、吴丽霞：《河北省农村土地流转创新研究》，《合作经济与科技》2012 年第 2 期。

刘力玮：《基于生态足迹法的哈尔滨市土地生态承载力研究》，东北农业大学 2012 年硕士学位论文。

刘乃安：《我国农村土地制度的演变及其特点分析》，《农业经济》2017 年第 7 期。

刘世梁、朱家蓠、许经纬等：《城市化对区域生态足迹的影响及其耦合关系》，《生态学报》2018 年第 24 期。

刘卫柏、李中：《新时期农村土地流转模式的运行绩效与对策》，《经济地理》2011 年第 2 期。

刘晓玲：《"三权"分置与土地流转的关系》，《党政干部学刊》2017 第 12 期。

刘英英、刘春雨、张宇:《基于熵值法的泉州市土地资源可持续利用研究》,《宿州学院学报》2019 年第 10 期。

马宏山:《吉林省土地流转与规模化经营研究》,吉林大学 2018 年硕士学位论文。

马金秋:《京津冀协同发展背景下河北农村土地流转研究》,首都经济贸易大学 2017 年硕士学位论文。

马骏、周盼超:产业升级对提升长江经济带生态效率的空间效应研究,南京工业大学学报(社会科学版)2020 年第 2 期。

马亚丽:《"三权分置"下国内外农村土地流转模式研究》,《北京农业职业学院学报》2018 年第 6 期。

孟月:《农地流转背景下生态补偿标准研究》,河南农业大学 2017 年硕士学位论文。

肖泽干:《农户参与耕地保护的意愿、行为选择及其激励机制——以江西省新建县为例》,江西财经大学 2013 年硕士学位论文。

潘正良:《农垦土地流转租金机制探讨——以广西农垦为例》,《商》2015 年第 15 期。

彭洪兵、李江风、吴姗姗:《广西土地综合承载力评价研究》,《安徽农业科学》2014 年第 35 期。

《Pearson(皮尔逊)相关系数》,CSDN 网站,https://blog.csdn.net/qq_30142403/article/details/82350628。

钱文荣:《浙北传统粮区农户土地流转意愿与行为的实证研究》,《中国农村经济》2002 年第 7 期。

秦静、李浩、周立群:《京津冀现代农业协同发展进展与展望》,《中国农业资源与区划》2018 年第 9 期。

曲晨晓、孟庆香、田华文等:《可持续土地整理中建立生态补偿机制的探讨》,《湖北农业科学》2010 年第 11 期。

《全国人民代表大会常务委员会关于修改〈中华人民共和国农村土地承包法〉的决定》,《人民日报》2018 年 12 月 30 日。

邵明英、李蓓:《新社会阶层对大学生学习影响的研究分析——以北京高校大学生为例》,《中国青年政治学院学报》2010 年第 5 期。

申慧、刘亚相:《基于农村土地流转的博弈分析》,《农民致富之友》2018 年第

21 期。

施伶霞:《福建省可持续发展的定量测算及影响因素研究》,厦门大学 2017 年硕士学位论文。

史丹、王俊杰:《基于生态足迹的中国生态压力与生态效率测度与评价》,《中国工业经济》2016 年第 5 期。

孙达、李宏一:《河北省农村土地流转问题与对策》,《合作经济与科技》2018 年第 11 期。

孙钰、李新刚、姚晓东:《天津市辖区土地综合承载力研究》,《城市发展研究》2012 年第 9 期。

唐文金:《农户土地流转意愿与行为研究》,西南财经大学 2008 年博士学位论文。

童毅:《农户经营规模决策行为的影响因素研究——以江苏省稻作农户为例》,南京农业大学 2014 年硕士学位论文。

《土地流转的方式主要有哪些》,中国土地法务网,https://www.tuliu.com/read-8322.html。

王大庆:《黑龙江省生态足迹与生态安全分析及其可持续发展对策》,东北农业大学 2008 年博士学位论文。

王凤兰:《土地人口承载力研究方法与模式简述》,《农业技术经济》1990 年第 4 期。

王济川、郭志刚:《Logistic 回归模型:方法与应用》,高等教育出版社 2001 年版。

王平涛:《农村土地流转存在的问题及对策》,华中师范大学 2014 年硕士学位论文。

王书华、曹静:《土地综合承载力评判指标体系的构建及应用》,《河北省师范大学学报》2001 年第 1 期。

王书华、毛汉英:《土地综合承载力指标体系设计及评价——中国东部沿海地区案例研究》,《自然资源学报》2001 年第 3 期。

王晓利、崔文彦、刘聪颖:《浅谈河北省农村土地流转模式及其创新》,《企业导报》2012 年第 3 期。

王雪:《农户土地使用权流转意愿与行为的实证研究》,内蒙古农业大学 2010 年硕士学位论文。

王余丁、黄燕燕:《贫困地区农户土地流转意愿与流转行为的差异》,《河北大学学报(哲学社会科学版)》2017 年第 5 期。

王余丁:《博弈视角下的农村土地流转研究》,人民出版社 2017 年版。

王雨晴、宋戈:《城市土地利用综合效益评价与案例研究》,《地理科学》2006 年第 6 期。

王长坤:《基于区域经济可持续发展的城镇土地集约利用研究》,天津大学 2007 年博士学位论文。

王洲:《河北省贫困地区农村土地流转意愿的空间差异及影响因素研究》,河北大学 2018 年硕士学位论文。

魏明、王洪军、柳新伟:《青岛市生态足迹动态研究》,《生态环境》2006 年第 4 期。

文珍昕:《山区农村土地流转面临的问题及对策研究》,山西大学 2018 年硕士学位论文。

徐冬梅:《农户转出林地产权的行为研究》,石河子大学 2018 年硕士学位论文。

徐中民、张志强、程国栋:《甘肃省 1998 年生态足迹计算与分析》,《地理学报》2000 年第 5 期。

徐中民、陈东景、张志强等:《中国 1999 年的生态足迹分析》,《土壤学报》2002 年第 3 期。

许祎航:《基于熵值法与功效系数法的太龙药业财务风险预警研究》,湖南大学 2014 年硕士学位论文。

严围围:《基于统计建模下共享单车的调查分析与前景预测》,曲阜师范大学 2018 年硕士学位论文。

杨翠芬:《河北省农村土地流转中存在的问题及其对策思考》,《南方农业》2017 年第 3 期。

杨莉英:《河北省生态补偿机制的完善与创新》,《产业与科技论坛》2012 年第 4 期。

尹璇、倪晋仁、毛小苓:《生态足迹研究述评》,《中国人口·资源与环境》2004 年第 5 期。

袁磊、雷国平、张小虎:《资源型城市土地生态安全评价——以大庆市为例》,《地域研究与开发》2009 年第 6 期。

袁平:《基于生态足迹模型的县级区域可持续发展评价》,中国农业科学院 2005 年硕士学位论文。

张红、陈嘉伟、周鹏:《基于改进生态足迹模型的海岛城市土地承载力评价——以舟山市为例》,《经济地理》2016 年第 6 期。

张剑光:《重庆市土地人口承载力研究》,《地理学与国土研究》1988 年第 3 期。

张杰、赵小敏、郭大千等:《基于生态足迹法的吉安市生态承载力研究》,《江西农业大学学报》2010 年第 4 期。

张军:《农村土地流转存在的问题与对策思考》,《农业经济》2007 年第 8 期。

张霞、石宁卓、王树东等:《土地资源承载力研究方法及发展趋势》,《桂林理工大学学报》2015 年第 2 期。

张舜尧、王铮、李丹等:《陕西关中地区生态足迹动态分析及生态安全评价》,《西安科技大学学报》2011 年第 1 期。

张颖、潘静、陈珂:《基于成分法的北京鹫峰国家森林公园旅游生态足迹研究》,《中南林业科技大学学报》2017 年第 2 期。

张志强、徐中民、程国栋等:《中国西部 12 省(区市)的生态足迹》,《地理学报》2001 年第 5 期。

《农业适度规模经营稳步提升 我省土地流转面积达 2983 万亩》,河北新闻网,http://hbrb.hebnews.cn/pc/paper/c/201901/18/c118795.html。

赵锦山:《农村居民土地流转的意愿与行为选择》,湖南师范大学 2005 年硕士学位论文。

赵昕、吴子龙、吴运东等:《河北省农业生态补偿的现状与研究进展》,《农技服务》2019 年第 3 期。

赵泽慧:《发达地区生态补偿对农户土地利用决策意愿影响研究——以太仓市为例》,《农业与技术》2015 年第 19 期。

赵志强:《因素分析法在高中地理教学中的应用研究》,东北师范大学 2008 年硕士学位论文。

《中共中央办公厅　国务院办公厅印发〈关于创新体制机制推进农业绿色发展的意见〉》,《人民日报》2017 年 10 月 1 日。

《中共中央办公厅　国务院办公厅印发〈关于引导农村土地经营权有序流转发展农业适度规模经营的意见〉》,《人民日报》2014 年 11 月 21 日。

《中共中央　国务院关于坚持农业农村优先发展做好"三农"工作的若干意见》,中央人民政府网,http://www.gov.cn/zhengce/2019-02/19/content_5366917.htm。

《中共中央　国务院关于深入推进农业供给侧结构性改革加快培育农业农村发展新动能的若干意见》,《人民日报》2017年2月6日。

《中共中央办公厅　国务院办公厅印发〈关于完善农村土地所有权承包权经营权分置办法的意见〉》,《人民日报》2016年10月31日。

《中国土地资源生产能力及人口承载量研究》课题组:《中国土地资源生产能力及人口承载量研究》,中国人民大学出版社1991年版。

钟晓兰、李江涛、冯艳芬等:《农户认知视角下广东省农村土地流转意愿与流转行为研究》,《资源科学》2013年第10期。

周凡:《家庭农场推进中农户参与农地流转意愿、行为选择及激励机制构建》,江西财经大学2017年硕士学位论文。

周庆:《旅游地农户土地流转感知与意愿研究——以武汉黄陂区为例》,湖北大学2017年硕士学位论文。

周涛、王云鹏、龚健周等:《生态足迹的模型修正与方法改进》,《生态学报》2015年第14期。

朱宝树:《我国人口与经济—资源承载力关系区域模式初探》,《人口学刊》1991年第5期。

朱凤武:《江苏沿海地区土地综合承载力评价研究》,科学出版社2015年版。

朱金峰、周艺等:《1975—2018年白洋淀湿地变化分析》,《遥感学报》2019年第5期。

朱莹、秦红梅:《基于生态足迹模型的扬州市可持续发展能力分析》,《扬州教育学院学报》2017年第4期。

朱玉龙:《中国农村土地流转问题研究》,中国社会科学院研究生院2017年硕士学位论文。

卓凤莉:《基于熵权系数和集对分析法的土地生态安全评价——以河北省为例》,《地域研究与开发》2012年第6期。

宗泊、谭振波:《河北省农村土地流转调查与分析》,《河北企业》2010年第1期。

Mathis Wackernagel..Ciudades sostenibles? [J].Ecología Política,1996(12).

Murray Lane.The carrying capacity imperative:Assessing regional carrying capacity methodologies for sustainable land-use planning[J].Land Use Policy,2010,27(4).

Odum Howard T..Factors Controlling Marine Invasion into Florida Fresh Waters[J].

Bulletin of Marine Science,1953,3(2).

Park,E.R.,Burgess,E.W.Introduction to the science of sociology[M].Chicago:University of Chicago Press,1921.

SLEESER M.Enhancement of Carrying Option ECCO[M].The Resource Use Institute,1990:86-99.

William E Rees.Ecological footprint and appropriated carrying capacity:What urban economics leaves out[J].Environ.Urbanization,1992,4.

后　记

　　农户是土地流转中的主要参与方,影响其土地流转意愿向行为转化的原因涉及传统文化、生活习惯、经济收益、生态保护等各个方面,研究其土地流转意愿与行为的匹配对于进一步研究规范有序推进土地流转具有重要意义。土地流转与承载力、生态补偿机制紧密联系,生态环境和经济发展水平共同作用于土地流转意愿与行为,引入生态因素进行研究有助于更好地完善土地流转意愿、行为分析框架。

　　本书基于实地调研数据,分析了调研区域土地流转现状,通过构建模型分析了土地流转意愿与流转行为的影响因素,并分析不同空间和不同地形条件下的影响因素,将生态补偿、承载力、生态足迹、生态效率纳入到土地流转研究框架中,有助于为土地流转中的经济效益、社会效益、生态效益进一步相统一提供参考。本书致力于进一步丰富和完善土地流转行为、意愿影响因素分析框架,期望为规范有序推进土地流转研究和土地资源可持续利用研究提供参考,希望能为以后的研究贡献微薄之力,也希望能够进行更多的后续研究。

　　本书是国家社科基金项目(16BJY027)"京津冀生态涵养区土地价值核算及生态补偿研究"的阶段性研究成果,本书出版同时得到了河北省生态与环境发展研究中心、河北大学资源利用与环境保护研究中心的支持。

在课题调研、数据搜集、数据处理等方面，课题组成员王智新、李丽红、徐新、张敏、褚建坤、任一萍、张学军、柳浩、李娜、王一冰、刘春妤、封晓敏、武海波、李依弯、刘强丽、王新、刘燕灵、岳丽艳、梅俊利、刘嘉琦、李瑞楠、吕梦思、赵子铮、谢林铁、石丽君、陈克、张凯璐等做出了富有成效的工作，是本书能够顺利成稿的重要支撑。

感谢我的家人，书稿完成期间家人为我提供了大力支持，妻子默默地承担起照顾孩子和家庭的重担，使我能够将全部精力投入到调研和写作中，没有了后顾之忧，感谢爱子对于我不能抽出时间陪伴他的理解。

责任编辑:侯俊智

助理编辑:程　露

封面设计:王春峥

责任校对:秦　婵

图书在版编目(CIP)数据

生态承载视域下农村土地流转意愿与行为研究/户艳领 等著. —北京:
　人民出版社,2021.11

　ISBN 978-7-01-023723-7

Ⅰ.①生…　Ⅱ.①户…　Ⅲ.①农村-土地流转-研究-中国　Ⅳ.①F321.1

中国版本图书馆 CIP 数据核字(2021)第 176712 号

生态承载视域下农村土地流转意愿与行为研究

SHENGTAI CHENGZAI SHIYU XIA NONGCUN TUDI LIUZHUAN YIYUAN YU XINGWEI YANJIU

户艳领　等著

人民出版社 出版发行

(100706　北京市东城区隆福寺街 99 号)

廊坊市靓彩印刷有限公司印刷　新华书店经销

2021 年 11 月第 1 版　2021 年 11 月北京第 1 次印刷

开本:710 毫米×1000 毫米 1/16　印张:15.75

字数:202 千字

ISBN 978-7-01-023723-7　定价:55.00 元

邮购地址 100706　北京市东城区隆福寺街 99 号

人民东方图书销售中心　电话 (010)65250042　65289539